Silvia Hartmann

Emotionale Freiheit

Silvia Hartmann

Emotionale Freiheit

Soforthilfe in Stress-Situationen mit Akupressur

VAK

VAK Verlags GmbH
Kirchzarten bei Freiburg

Titel der englischen Originalausgabe:
Adventures in EFT

Erschienen bei: DragonRising, Eastbourne, Großbritannien
ISBN 1-873483-63-5

Die Deutsche Bibliothek – CIP-Einheitsaufnahme
Hartmann, Silvia:
Emotionale Freiheit : Soforthilfe in Stress-Situationen mit Akupressur / Silvia Hartmann. Mit einem Vorwort von Gary Craig. [Übers.: Karin Beeck]. – Kirchzarten bei Freiburg : VAK-Verl.-GmbH, 2002
Einheitssacht.: Adventures in EFT <dt.>
ISBN 3-935767-07-2

Übersetzung: Karin Beeck
Lektorat: Martina Klose, Norbert Gehlen
Umschlag: Hugo Waschkowski
Gesamtherstellung: F. Pustet GmbH & Co. KG, Regensburg
Printed in Germany
ISBN 3-935767-07-2

Inhalt

Hinweis des Verlags

Dieses Buch informiert über Selbsthilfe mit Techniken der Klopfakupressur. Sie haben sich in der Praxis als sicher und effektiv bewährt. Wer sie anwendet, tut dies in eigener Verantwortung. Autorin und Verlag beabsichtigen nicht, individuelle Diagnosen zu stellen oder Therapieempfehlungen zu geben. Die hier beschriebenen Techniken sind nicht als Ersatz für professionelle Behandlung bei gesundheitlichen und psychischen Problemen zu verstehen.

Vorwort

Dieses Buch ist für uns alle Grund genug, Silvia Hartmann für ihr Engagement zu danken, mit dem sie EFT (*Emotional Freedom Techniques*) auf diesen Seiten zum Leben erweckt hat.

In eindrucksvoller Weise beschreibt sie diese bemerkenswerte Methode für den Laien ebenso fesselnd wie für die Angehörigen der Heilberufe. Sie stellt zwischen EFT und ihren umfassenden Kenntnissen auf anderen Gebieten Verbindungen her: So entstand ein Buch, das unterhält, gleichzeitig aber auch praktisch und nützlich ist.

Wir stehen am Beginn einer neuen Entwicklung auf dem Heilsektor und EFT stellt einen der ersten, wichtigen Abschnitte in dieser Richtung dar. Diese Methode bereitet einem Paradigmenwechsel den Weg und um ihre Möglichkeiten voll ausschöpfen zu können, müssen wir in der Lage sein, frei zu denken.

Wer hätte es für möglich gehalten, dass ein so einfaches Verfahren wie das Klopfen verschiedener Meridianpunkte Heilung ermöglicht, wo andere Methoden versagen? Wer hätte geglaubt, dass langwierige Therapien zur Heilung bestimmter Traumata, von Phobien, Ärger, Kummer und Schuld auf wenige Minuten reduziert werden können? Wer hätte geglaubt, dass die Reduzierung der emotionalen Belastung so weitreichende Auswirkungen auf physische Symptome wie Schmerzen, Kopfschmerzen und asthmatische Beschwerden haben würde?

Ich selbst arbeite seit 1991 mit diesem Verfahren und habe unzähligen Menschen helfen können. Durch meine Videos und meine Seminare habe ich Tausende von Menschen weltweit in EFT geschult (auch Silvia Hartmann gehört zu ihnen), die nun Tag für Tag „Wunder“ vollbringen.

Und dennoch sind wir von unserem Ziel noch weit entfernt, denn unsere Erfolgsquote beträgt noch nicht 100 Prozent.

Das vorliegende „Meisterstück“ bietet Ihnen, liebe Leser, Gelegenheit, etwas über diese Methode zu erfahren. Wenn Sie darüber hinaus noch mehr über EFT wissen wollen, so besuchen Sie unsere Website unter *www.emofree.com*.

Gary Craig
Begründer von EFT

Einführung

Im Herbst des Jahres 1998 stieß ich auf den Internetseiten für Hypnosetherapien, die von Therapeuten als Gesprächsforum genutzt werden, immer wieder auf drei kleine Buchstaben: EFT. Diese standen für *Emotional Freedom Techniques* und die Kollegen schwärmten nur so von dieser Methode. Dies führte sogar dazu, dass die Verantwortlichen für die Gesprächsforen die Diskussion über dieses Verfahren untersagten, da sie ein Medium vollständig belegte, das ursprünglich als Plattform für Hypnosetherapien, NLP und Methoden zur Persönlichkeitsentwicklung ganz allgemein geschaffen worden war.

Ich kannte einige der Kollegen, die so begeistert und enthusiastisch von dieser neuen Sache schwärmten, und fragte mich nur, was um alles in der Welt daran so außergewöhnlich sein könnte. Also besuchte ich die Internetseite *www.emofree.com* und bestellte daraufhin noch am selben Abend telefonisch in den USA eine Ausgabe des Grundkurses: elf Videokassetten, vier Audiokassetten und ein dickes Handbuch.

Nachdem ich das Material erhalten hatte, setzte ich mich mit einer Tasse Kaffee an meinen Schreibtisch, öffnete meinen Geist, so weit ich nur konnte, und begann zu lesen. Als die Fallbeispiele für die Behandlungen vorgestellt wurden, klopfte ich die Punkte an mir selbst, um am eigenen Körper zu erfahren, wie es sich anfühlt, und um mich mit den Punkten und den Verfahrensweisen vertraut zu machen. Eine Stunde später hatte ich die Verbindung zu einem meiner eigenen traumatischen Lebensabschnitte hergestellt, den ich hartnäckig verleugnete: zu der Zeit, als mein Vater starb. Ich fühlte diesen tiefen Schmerz, den ich seit sieben Jahren in meinem Innersten mit mir herumtrug, und ich war vollkommen entsetzt, als mir klar wurde, dass die Zeit diese Wunde noch nicht einmal ansatzweise geheilt hatte; mit Hilfe der Klopftechniken konnte ich den Schmerz gehen lassen und einen Zustand von geistiger Scharfsicht und Klarheit, einen Zustand von Gewahrsein herstellen. Diese Ablösung war für mich so tief greifend, dass ich in Worten nicht auszudrücken vermag, was ich dabei empfunden habe oder was dieses Erlebnis bei mir bewirkte.

Ich wusste nun, dass alles der Wahrheit entsprach, was ich über diese Technik gehört hatte. Sie war genauso tief greifend und wirksam, wie sie beschrieben worden war. Sie funktionierte tatsächlich. Von diesem Zeitpunkt an war mein Leben nicht mehr dasselbe. Als Therapeutin konnte ich von da an im wahrsten Sinne des Wortes die Blinden wieder sehend machen und die Lahmen wieder zum Laufen bringen. Im letzten Jahr erhielt ich mehr Dankschreiben als in den fünfzehn Jahren davor. Als Lehrerin konnte ich meinen Schülern eine Form des Lernens ermöglichen, das sie niemals für möglich gehalten hätten. Als Mensch und Individuum habe ich eine neue und tiefe Schönheit in meinem Leben willkommen heißen können. Ich entdeckte Talente und Fähigkeiten an mir, die ich mir nie zugetraut hätte, und die, mit denen ich bereits arbeitete, entwickelten sich noch weiter. Als Mutter schließlich konnte ich meinen Kindern Ruhe und Gelassenheit vermitteln; ich konnte sie in einer Art und Weise unterstützen, die zuvor undenkbar gewesen wäre, ich konnte ihnen helfen, ihre Grenzen und Beschränkungen ebenso zu überwinden wie Momente zu überstehen, in denen sie der Mut verließ.

Was soll ich sonst noch sagen? Ich wünsche mir aufrichtig, dass dieses Buch für seine Leser der Beginn einer Entdeckung des eigenen Ich werden möge, indem sie diese wundervollen Instrumente zur Heilung von Geist und Körper kennen lernen.

Wie Sie dieses Buch benutzen können

In Teil I wird die EFT zugrunde liegende Methodik vorgestellt, die verblüffend einfach und ebenso leicht zu erlernen ist. Verblüffend ist auch die Wirkung: Werden die Anweisungen exakt befolgt, so *können Sie mit tief greifenden Reaktionen rechnen.* Wollen Sie jedoch ganz sicher gehen, dass Sie die Techniken korrekt anwenden, dann sollten Sie an einem EFT-Workshop teilnehmen, einen in dieser Methode ausgebildeten Therapeuten aufsuchen oder die Videokassetten über die Grundlagen von EFT erwerben. Bei korrekter Durchführung der Anweisungen verzeichnet nur ein sehr geringer Prozentsatz der Anwender überhaupt keine Veränderungen. In Teil II geht es um die Arbeit mit traumatischen Erfahrungen in der Vergangenheit. Mit etwas Unterstützung ist jeder Interessierte dann in der Lage, das unglaubliche Angebot an Möglichkeiten zu nutzen, das diese Verfahren bietet und auf das in Teil III näher eingegangen wird. Die möglichen Anwendungsbereiche von EFT sind dort in alphabetischer Reihenfolge aufgeführt, sie können jedoch auch wie aufeinander folgende Kapitel gelesen werden.

In Teil IV finden Sie eine Reihe von Varianten der Grundtechnik von EFT; hierbei handelt es sich um Techniken, die das grundlegende EFT-Verfahren unterstützen und es noch flexibler und vielseitiger machen. Im Anhang finden Sie ein Kapitel mit Begriffserläuterungen. Hier sind alle in EFT verwendeten Begriffe in alphabetischer Reihenfolge aufgelistet und kurz erläutert, damit Sie diese während der Lektüre dieses Buches jederzeit nachschlagen können. Im Literaturverzeichnis finden Sie Bücher zum Thema und zu angrenzenden Bereichen.

Silvia Hartmann, August 1999

Teil I
EFT erlernen

1. Die Geschichte von EFT

Die Grundgedanken dieser Methode gehen auf Roger Callahan zurück, der viele Jahrzehnte als klinischer Psychologe tätig war und es sich aufgrund seiner eigenen schmerzlichen Erfahrungen während seiner Kindheit zur Lebensaufgabe gemacht hatte Wege zu finden, die es ihm erlaubten, Menschen von unbegründeten Ängsten, Phobien und ähnlichen Problemen zu befreien. Wie jeder ernsthafte Forscher lotete er jede Möglichkeit aus und stieß schließlich auf einige Techniken, die erstaunliche Wirkungen zeigten.

In diesem Zusammenhang ist die Geschichte von Mary fast schon legendär. Sie litt an einer schweren Wasserphobie – sie konnte größere Wassermengen noch nicht einmal ansehen und sogar die Vorstellung, ein Bad zu nehmen, war für sie – selbst mit sehr wenig Wasser – äußerst traumatisch. Sie war bereits 18 Monate lang bei Callahan in Behandlung gewesen und er hatte alles ausprobiert, was die traditionelle Psychotherapie damals an Möglichkeiten bot; auch vor unkonventionellen Methoden wie Hypnose war er nicht zurückgeschreckt – und dennoch: Sie hatte nach wie vor panische Angst vor Wasser. Während einer Sitzung bat er sie, einen Punkt unterhalb des Auges zu klopfen, einen wichtigen Meridianpunkt in der Akupunktur bzw. Akupressur. Ihre Angst verschwand daraufhin sofort und vollständig und trat nie wieder auf. Dies ereignete sich vor 16 Jahren.

Roger Callahan nannte seine neue Entdeckung *Thought Field Therapy* (TFT), denn nach seiner Theorie sind unsere Gedanken an energetische Felder in unserem Körper gekoppelt und diese Felder dahingehend beeinflussbar, dass durch Klopfen bestimmter Meridianpunkte negative Emotionen schnell und leicht aufgelöst werden können. Er setzte seine Forschungsarbeit fort und verfeinerte die Methode; heute sind TFT und verwandte Methoden Gegenstand seriöser wissenschaftlicher Untersuchungen und in weiten Kreisen bereits anerkannt. TFT basiert auf so genannten therapeutischen Verfahrensschemata, spezifischen Sequenzen von Klopfpunkten zur Auflösung bestimmter Probleme.

Gary Craig, ein Schüler Callahans, hatte die brillante Idee, bei jedem Problem einfach alle – es handelt sich lediglich um 13 – Punkte dieses Systems zu klopfen. Dadurch ist sichergestellt, dass auf jeden Fall die richtigen Punkte berücksichtigt werden. So gelang es ihm eine Technik zu entwickeln, die jeder erlernen kann und die sehr einfach und schnell anzuwenden ist, da keine diagnostischen oder therapeutischen Fähigkeiten oder Kenntnisse über das menschliche Energiesystem nötig sind. *Gary Craig nannte seine verkürzte Version EFT, Emotional Freedom Techniques.* An dieser Stelle gilt unser Dank Roger Callahan, der die Grundlagen geschaffen hat, auf denen wir aufbauen konnten. Mein besonderer Dank gilt Gary Craig, der diese Technik jedermann zugänglich gemacht hat.

2. Wie EFT funktioniert

Alle energetisch ausgerichteten Meridiantherapien beruhen auf der nachfolgenden, von Gary Craig als *Discovery Statement* bezeichneten „Grundaussage":

Die Ursache aller negativen Emotionen ist eine Störung innerhalb des körpereigenen Energiesystems.

In der Psychotherapie galt bisher die Annahme, dass negative Emotionen von negativen oder traumatischen Erinnerungen oder Ereignissen verursacht werden. Jedes Mal, wenn eine solche Erinnerung durch einen Gedanken oder einen wie auch immer gearteten Auslöser in unserer Umgebung aktiviert oder „eingeschaltet" wurde, trat gleichzeitig die negative Emotion auf.

„Erinnerung ⇒ negative Emotion"
= einfacher Zusammenhang von
„Ursache ⇒ Wirkung"

Callahan fand heraus, dass zwischen Erinnerungen bzw. Gedanken und der negativen Emotion ein weiterer Schritt liegt, nämlich die Störung oder Unterbrechung des gleichmäßigen Energieflusses durch die Meridiane. Folglich ist die Ursache der negativen Emotion nicht die Erinnerung oder der Gedanke, sondern der Verlauf ist vielmehr – wie in der Grundaussage, dem *Discovery Statement* zutreffend formuliert – folgender:

Ein Gedanke oder eine Erinnerung
ist Auslöser für
⇓
eine Störung im körpereigenen Energiesystem,
diese äußert sich als
⇓
physischer oder psychischer Schmerz

Anstatt also den in unzähligen Therapien mit zweifelhaften Resultaten unternommenen Versuch zu wiederholen, Gedanken und Erinnerungen ungeschehen zu machen, greifen energetisch ausgerichtete Verfahren direkt in den zwischengeschalteten Schritt ein; und nach der Beseitigung der Störung innerhalb des Energiesystems empfindet der Betreffende im Zusammenhang mit der ursprünglichen Erinnerung oder dem ursprünglichen Gedanken keine weiteren Schmerzen oder negativen Emotionen mehr.

Im Folgenden wird gezeigt, dass diese einfache, aber tief greifende Entdeckung nicht nur theoretisch logisch und sinnvoll ist, sondern sich auch in der Praxis bewährt hat: Weltweit befreien Tausende von Therapeuten täglich ihre Klienten von den verschiedensten Problemen, die schon über lange Zeit bestanden, indem sie diese Methode immer und immer wieder erfolgreich und mit zuverlässigen Resultaten anwenden und variieren. Theorie und bewusstes Verstehen ist eine Sache; der wahre Wert von EFT erschließt sich uns jedoch erst, wenn wir ihre Wirkung an uns selbst erfahren und erlebt haben. Im nächsten Schritt werden wir die Grundtechniken dieser Methode kennen lernen und der Leser kann sich jede Beschränkung, jede Angst und jede traumatische Erinnerung herausgreifen, die ihn belastet, und selbst die Erfahrung machen.

3. Die Technik und ihre Anwendung

Die Punkte und das Klopfen

EFT kennt 14 Hauptmeridianpunkte, in der Regel Anfangs- oder Endpunkte der Meridiane.

- **„Wunder Punkt"** – an der Stelle auf der Brust, an der man einen Orden oder eine Brosche anstecken würde. Üben Sie mit den Fingerspitzen sanften Druck auf diese Stelle aus; sie fühlt sich nicht etwa „wund" an, sondern eher etwas weicher als ihre Umgebung.
- **Augenbrauenpunkt** – am inneren Ende der Augenbraue, am Übergang zwischen Augenbraue und Nasenbein.
- **Seitlich des Auges** – auf dem knöcherner Rand der Augenhöhle.
- **Jochbein** – unterhalb des Auges, auf dem Jochbein, bei gerade ausgerichtetem Blick direkt unterhalb der Pupillenmitte.
- **Unterhalb der Nase** – zwischen Nase und Oberlippe.
- **Unterhalb der Unterlippe** – in der Vertiefung zwischen Kinn und Unterlippe.
- **Schlüsselbein** – in dem Winkel zwischen Schlüsselbein und Brustbein.
- **Unter dem Arm** – seitlich am Brustkorb auf der Höhe der Brustwarze.
- **Daumen** – alle Fingerpunkte liegen auf dem Nagelfalz.
- **Zeigefinger, Mittelfinger, kleiner Finger** (Fingerpunkte)
- **Handkantenpunkt** – auf der Handkante, etwa in Höhe der Lebenslinie.
- **Serienpunkt** – zwischen und etwas oberhalb der Knöchel von Ringfinger und kleinem Finger.

Nehmen Sie sich nun etwas Zeit, um die Punkte bei sich selbst zu finden. Sie werden vielleicht feststellen, dass einige sich unterschiedlich anfühlen, dies muss jedoch nicht zwangsläufig so sein. Sobald Sie an bestimmten Themen arbeiten, werden Sie beim Klopfen spüren, dass sich die Punkte unterschiedlich anfühlen. und Sie werden darüber hinaus feststellen, dass sich die Veränderung oder Erleichterung – je nachdem, welches Thema Sie wählen – beim Klopfen eines oder mehrerer Punkte einstellen wird.

Die Punkte werden nun stimuliert, indem sie sanft geklopft werden. Versuchen Sie es selbst einmal und klopfen Sie mit Zeige- und Mittelfinger den Punkt auf dem Jochbein (unterhalb des Auges) ziemlich rasch, etwa sieben oder acht Mal oder so lange, wie Sie brauchen, um einmal ganz normal ein- und wieder auszuatmen. (Ich habe festgestellt, dass jeder Mensch die jeweiligen Punkte in einer anderen Geschwindigkeit klopft. Wenn wir das Verfahren persönlich demonstrieren, leiten wir dazu an, etwa in Übereinstimmung mit dem Takt des Liedes *Jingle Bells* zu klopfen. Dennoch erinnert die Geschwindigkeit, mit der manche Teilnehmer bereits nach kürzester Zeit klopfen, an die eines Spechtes, während andere sehr langsam klopfen. Meine Empfehlung ist deshalb die, dass für Sie diejenige Geschwindigkeit die richtige ist, die sich für Sie richtig anfühlt.) Der Druck, der beim Klopfen ausgeübt wird, sollte sich angenehm anfühlen; Sie sollten das Klopfen jedoch so stark wahrnehmen, dass Sie es innerhalb eines angemessen großen Bereiches um die Klopfstelle herum (in diesem Fall im Gesicht) spüren.

Klopfen Sie nun alle hier angeführten Punkte der Reihe nach an sich selbst und spüren Sie in sich hinein, wie sich dies in Ihrem Körper für Sie anfühlt.

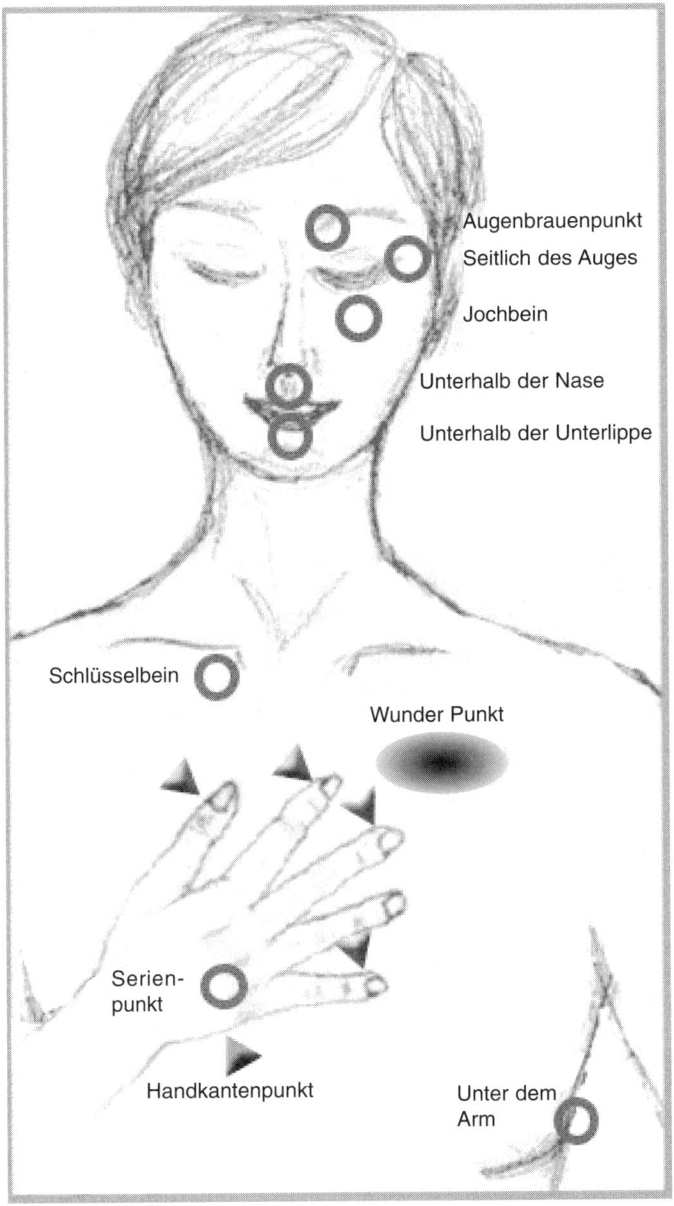
Augenbrauenpunkt
Seitlich des Auges
Jochbein
Unterhalb der Nase
Unterhalb der Unterlippe
Schlüsselbein
Wunder Punkt
Serien-
punkt
Handkantenpunkt
Unter dem
Arm

Mit dem Problem Kontakt aufnehmen

Die Effektivität der Methode hängt entscheidend davon ab, wie gut es gelingt, *mit dem jeweiligen Problem Kontakt aufzunehmen.* In uns kreisen unzählige Gedanken und ebenso viele Erinnerungen und gespeicherte Erfahrungen, die über unser Nervensystem mit dem Körper in Verbindung stehen. Zusammen mit diesen Erinnerungen ist auch das Muster gespeichert, das der Meridianfluss in dem betreffenden Moment angenommen hatte; und in einem dynamischen System von Wechselbeziehungen lenken wiederum bestimmte Gedankenmuster von Sekunde zu Sekunde die Funktion der Meridiane.

Der Bezug zwischen dem Klopfen der Akupunkturpunkte und dem betroffenen Bereich wird dadurch hergestellt, dass wir uns auf das Problem konzentrieren; dies erreichen wir, indem wir das Problem in einer „Problemaussage" formulieren, etwa: „Ich habe Höhenangst."

Diesen Satz spricht man am besten laut aus, um so möglichst viele Neuronen mit zu aktivieren und einen möglichst direkten Kontakt zu dem jeweiligen Problem herzustellen.

An dieser Stelle sei darauf hingewiesen, dass diese Aussage nicht mit einer Affirmation zu verwechseln ist (siehe hierzu in Teil III unter „Affirmationen"). Häufig birgt ein winziger Bereich unseres Unterbewusstseins gewisse Ängste, Ärgernisse, Trauer oder Kummer – die betreffende Person weiß zwar auf der bewussten Ebene sehr wohl, dass sie ein geliebtes Kind des Universums ist (um hier ein Beispiel zu nennen), eine andere Seite ihrer Persönlichkeit stimmt dem jedoch nicht zu und sorgt dafür, dass sich der oder die Betreffende für einen schlechten Menschen hält. Genau diese „andere Seite" bedarf der Heilung und des Energieausgleichs, die EFT anbietet. Und diese „andere Seite in uns" wird direkt angesprochen, *weil zu dem jeweiligen Thema – vielleicht zum ersten Mal überhaupt – die ganze Wahrheit zugelassen wird.* Die „Problemaussage“ ist wie der Schlüssel, der das Verlies aufschließt, in dem wir diese Wahrheit lange Zeit unter Verschluss gehalten hatten.

Im Folgenden einige Beispiele zur Verdeutlichung: Vor einiger Zeit demonstrierte ich diese Technik für eine Gruppe der *Weight Watchers.* Eine der Teilnehmerinnen machte einen Versuch mit der Aussage: „Ich bin nicht so schlank, wie ich gern wäre“; während sie klopfte, berichtete sie, dass sie nichts fühle. So bat ich sie, einen Moment zu überlegen, ob ihr Satz auch tatsächlich ihre Gedanken wiedergebe, die ihr beim Blick in den Spiegel durch den Kopf gingen. Sie schüttelte den Kopf und flüsterte: „Nein, ich denke dann, dass ich ein fettes Schwein bin.“ Als sie nun erneut klopfte und dabei diese Aussage benutzte, war eine deutliche Veränderung erkennbar, der Grad der Erleichterung war für alle Anwesenden deutlich wahrnehmbar und in seiner Intensität erfreulich. Später ließ sie mich wissen, dass dieser Moment einen Wendepunkt in ihrem Leben darstellte.

Eine andere Frau, die schwanger war und Angst vor der Geburt hatte, benutzte die folgende Aussage: „Ich blicke dem anstehenden Ereignis etwas ängstlich entgegen.“ Wieder geschah nichts. Ich bat sie, nochmals in sich zu gehen und zu versuchen, eine bessere Beschreibung mit einem größeren Wahrheitsgehalt für sie selbst zu finden, und sie sagte daraufhin: „Ich habe Todesangst vor der Geburt.“ Als sie nun klopfte, verschaffte ihr dies die Erleichterung, die sie so sehr brauchte; ihre Rückenschmerzen und Kopfschmerzen verschwanden augenblicklich und ihre Schwangerschaft entwickelte sich von diesem Zeitpunkt an ohne weitere Komplikationen.

Nehmen Sie sich nun einen Moment Zeit und denken Sie an ein Problem, das Sie beschäftigt, oder an Schmerzen, an eine Krankheit oder eine Phobie, also etwas, das Sie immer bedrückt, wenn Sie daran denken, oder einfach ganz allgemein an irgendein unangenehmes, negatives Gefühl, das Sie gern für immer los wären. Wählen Sie eine Formulierung, die sich für Sie richtig „anfühlt“, mit Worten, die für Sie und nur für Sie allein einen Sinn ergeben. Je aufrichtiger, direkter und ehrlicher Sie sein können, umso tiefer wird die Veränderung sein, die Sie erfahren werden.

Aussagen für körperliche Leiden und Schmerzen

Die Problemaussagen für körperliche Leiden können auf verschiedene Weise formuliert werden. Ist Ihre Krankheit mit einem physischen Symptom gekoppelt, so haben Sie sicher bereits eine Formulierung gefunden, mit der Sie dieses gewöhnlich beschreiben, etwa: „Ich habe wieder diese Verspannungen im Nacken.“ – „Mein Rücken bringt mich um.“ – „Dieses Bohren in meinem Magen …“ – „Dieses Pfeifen in meinen Ohren …“ und Ähnliches. Benutzen Sie diese Formulierung für Ihre Aussage. Sie können Ihre Krankheit auch einfach beim Namen nennen: Mein Heuschnupfen, meine Schuppenflechte, meine Allergie, diese verdammte Migräne … Vergessen Sie nicht, dass das Wichtigste an dieser Aussage ist, dass Sie wissen, wovon Sie reden, und *dass das, was Sie sagen, für Sie sinnvoll ist.*

Das Setup

Nachdem das Problem formuliert wurde, können wir mit dem Setup beginnen. Mit der Eröffnungsaussage wird wie folgt vorgegangen: Finden Sie den „wunden Punkt“ auf einer Seite Ihrer Brust; massieren Sie diesen sanft und sagen Sie:

> „Ich akzeptiere mich voll und ganz, auch wenn ich …“ (Hier wird die Formulierung des Problems, die Problemaussage, eingesetzt.)

Haben Sie sich zum Beispiel dafür entschieden, dass Ihr Problem lautet: „Mein Rücken bringt mich um", dann wäre Ihre Setup-Aussage:

„Ich akzeptiere mich voll und ganz, auch wenn mein Rücken mich umbringt."

Wiederholen Sie diesen Satz dreimal, massieren Sie gleichzeitig den „wunden Punkt" und geben Sie sich ein wenig Mühe, etwas Energie und Überzeugung in den ersten Teil des Satzes zu legen. Sie müssen hier allerdings nicht unbedingt genau diese Formulierung benutzen. Sie können zum Beispiel auch eine der folgenden oder irgendeine andere Variante wählen, die für Sie die entscheidende Bedeutung wiedergibt:

„Ich liebe mich, auch wenn ..."

„Ich akzeptiere mich vollständig, auch wenn ..."

„Gott liebt mich, auch wenn ..."

„Alles wird gut werden, auch wenn ..."

Einige wenige Klienten brachten keine Aussage über ihre Lippen, mit der sie sich selbst akzeptiert hätten, so dass wir die Sitzung mit der folgenden Aussage beginnen mussten: „Ich akzeptiere mich voll und ganz, obwohl ich mich überhaupt nicht akzeptiere."

Bei der Arbeit mit Kindern und Jugendlichen, sollte man eine Version wählen, die ihrem Alter entspricht, wie etwa:

„Ich bin ein großartiges Kind, auch wenn ..."

„Ich mag mich wirklich, auch wenn ..."

„Meine Mutter liebt mich, auch wenn ..."

„Mit mir ist alles in Ordnung, auch wenn ..."

Es ist auch jede andere Variante möglich, die eine positive Bedeutung transportiert, akzeptiert werden kann und einen Sinn hat.

Die Punkte klopfen: Erster Durchgang

Im Anschluss an das Setup werden alle Punkte in der Reihenfolge von oben nach unten geklopft; beginnen Sie mit dem Augenbrauenpunkt und enden Sie mit dem Handkantenpunkt. Während des Klopfens wiederholen Sie eine *Kurzform der Eröffnungsaussage aus dem Setup, die wir „Erinnerungssatz" nennen*; lautet also ihr Eröffnungsaussage aus dem Setup: „Ich akzeptiere mich voll und ganz, auch wenn ich meinen Chef hasse und verabscheue", so sprechen Sie nun bei jedem Punkt, den Sie klopfen, etwa den folgenden Erinnerungssatz (also eine Kurzform):

„Ich hasse und verabscheue meinen Chef."

Der Grund für diese Vorgehensweise liegt darin, dass wir beim Klopfen sehr leicht abzulenken sind; indem wir diesen Satz an jedem Punkt wiederholen, werden wir daran gehindert, an unser Mittagessen oder an unseren nächsten Termin oder an das Wetter zu denken; so stellen wir sicher, dass das Klopfen in direkter Verbindung zu dem Problem steht, an dem wir arbeiten.

Ist Ihnen die Lage der Punkte auf Ihrem Körper erst einmal vertraut, so sollte ein „Klopfdurchgang" (ohne das Setup) nicht länger als zwei Minuten dauern, es sei denn, Sie empfinden ein starkes Bedürfnis, einen bestimmten Punkt länger zu klopfen, was hin und wieder vorkommen kann.

Die 9G (Behandlungsserie)

Die 9G (= Abkürzung für *Nine Gamut Treatments*, in Deutsch als Behandlungsserie bezeichnet) bilden den Mittelteil des EFT-Verfahrens, das wir auch als „Sandwich" bezeichnen. Nachdem Sie alle Punkte von oben (Augenbrauenpunkt) nach unten (Handkantenpunkt) etwa sieben Mal geklopft haben, klopfen Sie jetzt eine ganze Weile den Serienpunkt und tun dabei Folgendes:

- Bewegen Sie Ihre Augen langsam und gleichmäßig vom

Boden aufwärts zur Decke und wieder zurück (was leichter gesagt als getan ist); der Kopf bleibt dabei gerade.

- Bewegen Sie Ihre Augen von links nach rechts und zurück.
- Führen Sie mit den Augen eine große Kreisbewegung aus, zunächst im, dann entgegen dem Uhrzeigersinn.
- Summen Sie – zum Beispiel einige Takte von *Happy Birthday* (oder ein paar andere Töne oder einfach eine Tonleiter).
- Zählen Sie: eins, zwei, drei, vier, fünf.
- Summen Sie nochmals.
- Atmen Sie tief ein und wieder aus.

Während Sie diese Anweisungen ausführen (die Ihnen zunächst wahrscheinlich etwas ungewöhnlich erscheinen), wiederholen Sie Ihren Satz zwischen den einzelnen Schritten so häufig wie möglich; Sie sorgen so dafür, dass Sie auf Ihr Problem konzentriert bleiben. (Augenbewegungen sind mit unterschiedlichen Gehirnfunktionen gekoppelt; der Wechsel zwischen Summen, Zählen und wieder Summen bewirkt einen schnellen Wechsel von einer Gehirnhälfte zur anderen; beide Maßnahmen sollen unser Nervensystem „wach machen“, damit das Klopfen unser Problem erreicht und Veränderungen möglich werden.

Natürlich ist es nicht immer erforderlich, das Gehirn „aufzuwecken“, um Veränderungen zu erhalten; aus diesem Grund verzichten versierte Anwender in manchen Fällen auf die 9G; ich empfehle Ihnen, sie jedes Mal durchzuführen, bis Sie mit der Technik vollständig vertraut sind und ein „Gefühl“ dafür entwickelt haben, wann die 9G gebraucht werden und wann nicht.)

Im Anschluss daran klopfen Sie erneut alle Punkte vom Augenbrauenpunkt bis zum Handkantenpunkt. Atmen Sie nun wieder tief ein und aus und nehmen Sie sich einen Moment Zeit zu überlegen, wie Sie sich jetzt fühlen.

Veränderungen bewerten

Eine sehr gute Methode festzustellen, wie Sie selbst oder andere sich fühlen, ist das Einordnen dieses Gefühls auf einer Skala von 0 bis 10. Man spricht in diesem Zusammenhang offiziell vom „Erheben des SUD-Wertes auf der SUD-Skala", wobei SUD für *subjective units of distress* (subjektive Stresseinheiten) steht.

Dies bedeutet, dass Sie sich selbst die folgende Frage stellen: „Wenn ich eine Skala von 0 bis 10 zur Verfügung habe, wobei 10 das größtmögliche Maß an Schmerz, innerer Erregung, Angst, Trauer oder Unbehagen zum Ausdruck bringt und ich mich bei 0 vollständig ruhig, schmerzfrei, gelassen, entspannt und glücklich fühle, wo würde ich das Gefühl einordnen, das ich in diesem Moment empfinde? Diese Methode funktioniert bei Emotionen ebenso wie bei physischen Schmerzen und sogar bei Überzeugungen, mit denen jemand vielleicht ein Problem hat. Betrachten Sie nun die Skala von 0 bis 10 und beurteilen Sie danach, ...

- wie niedergeschlagen Sie in diesem Moment sind;
- wie stark Ihr Bein schmerzt;
- wie stark Ihre Höhenangst ist;
- wie viel Stress Sie bei dieser speziellen Erinnerung empfinden;
- wie sehr Sie diese bestimmte Person hassen.

Bevor Sie damit beginnen, zu einem bestimmten Thema die Punkte zu klopfen, *nehmen Sie sich die Zeit eine Bewertung auf der SUD-Skala vorzunehmen und merken Sie sich Ihren Wert.* Wenn Sie ein „Sandwich" abgeschlossen haben, nehmen Sie nochmals eine Einschätzung vor und stellen Sie so fest, wie viel sich verändert hat. Dies ist eine gute Möglichkeit festzustellen, wie gut die Methode gewirkt hat und ob Sie einen weiteren Durchgang benötigen. In manchen Fällen kann sich die Bewertung eines Problems mit einem einzigen „Sandwich" von 10 zu 0 ändern.

Meistens beginnt man jedoch mit 8 oder 9, die sich nach dem ersten Durchgang auf 4 oder 5 reduzieren. Das bedeutet, dass die Wirkung der Methode bereits eingesetzt hat, dass jedoch noch mehr getan werden muss.

Dieses Bewertungsverfahren ist ein wichtiger Teil des EFT-Verfahrens; mehr hierzu finden Sie in Teil III unter „Muskeltest".

Die Punkte klopfen: Weitere Durchgänge

Sollten Sie Ihre ursprüngliche Eröffnungsaussage etwa folgendermaßen formuliert haben: „Ich akzeptiere mich voll und ganz, auch wenn ich dieses Problem habe …", und stellen Sie nach dem ersten Durchgang (bei dem Sie alle Punkte für „Ihr Problem" geklopft haben, nach einer erneuten Einordnung des Problems auf der SUD-Skala) fest, dass es Sie zwar nicht mehr so stark belastet wie zuvor, jedoch noch nicht vollständig gelöst ist, dann verändern Sie nun Ihre Eröffnungsaussage etwa so:

> „Ich akzeptiere mich voll und ganz, auch wenn dieses Problem noch nicht vollständig gelöst ist …" oder

> „Ich akzeptiere mich voll und ganz, auch wenn mich noch immer einen Teil dieses Problems belastet …"

Ist Ihr SUD-Wert so weit gesunken, dass Sie nur noch einen geringen Rest Ihres Problems wahrnehmen, was in der Regel einer 2, einer 1 oder sogar einer 0,5 entspricht, so können Sie einen dritten Durchgang mit folgender, veränderter Eröffnungsaussage durchführen:

> „Ich möchte dieses Problem vollständig überwinden und ich akzeptiere mich voll und ganz."

Das ist alles! Es ist wirklich sehr einfach. Sie brauchen sich keine Gedanken darüber zu machen, ob Sie vielleicht etwas falsch machen oder Ihre Aussage falsch formulieren.

Mit dem Klopfen tun Sie sich in jedem Fall etwas Gutes.

Klopfen stimuliert immer Ihre Meridiane, entspannt, beruhigt und trägt dazu bei, dass Sie sich besser fühlen, und zwar auch dann, wenn Sie eine völlig falsche Eröffnungsaussage formuliert haben und sich im Zusammenhang mit dem ursprünglichen Problem noch keinerlei Veränderungen zeigen. Wagen Sie in einem solchen Fall einfach einen weiteren Versuch mit einer veränderten Eröffnungsaussage oder denken Sie noch einmal darüber nach, wo der eigentliche Kern des Problems liegt.

Ich persönlich habe die Erfahrung gemacht, dass es sehr hilfreich sein kann, gute Freunde zu fragen, wie man denn das Problem formulieren sollte. Natürlich können dadurch wieder andere Aspekte zur Sprache kommen. Unsere Neuronen lassen uns in manchen Fällen allerdings blind sein, besonders bei Themen, an denen wir bereits viele Jahre lang arbeiten. Denn genau der eine Punkt, an den Sie sicher nicht denken und mit dem Sie Ihr Problem in der Eröffnungsaussage so zum Ausdruck bringen könnten, dass Sie den berühmten Nagel auf den Kopf treffen würden, dieser Punkt ist für alle anderen in Ihrer Umgebung offensichtlich, nur für Sie selbst nicht. Das ist kein Charakterfehler, sondern eine Tatsache des Lebens. Entspannen Sie sich also, genießen Sie das Leben und lesen Sie im nächsten Abschnitt etwas zu den Fragen, die am häufigsten auftauchen.

Fragen, die häufig gestellt werden

F: *Ich bin nicht sicher, ob ich die richtigen Punkte gefunden habe.*

A: Machen Sie sich darüber keine Sorgen. Während Sie klopfen, breitet sich die Schwingung durch Ihre Haut und Ihre Knochen aus und ist auch in einiger Entfernung noch spürbar. Die Methode funktioniert bereits, wenn Sie nur in etwa den richtigen Bereich treffen.

F: *Ich finde den „wunden Punkt" nicht.*

A: Sollten Sie Probleme damit haben, den „wunden Punkt" zu finden, was je nach Art des Problems, an dem Sie arbeiten, durchaus vorkommen kann, dann legen Sie einfach Ihre ganze Hand auf den entsprechenden Bereich Ihres Körpers. Warten Sie einen Moment, bis Sie die Wärme Ihrer Hand durch Ihre Kleider hindurch auf der Haut spüren, und massieren Sie dann die Stelle mit der ganzen Hand. Dies kann übrigens bei einer Krise schon für sich allein außerordentlich beruhigend wirken.

F: *Ich bin sehr unsicher, wie ich meine Eröffnungsaussage formulieren soll.*

A: Für ein komplettes „Sandwich" benötigen Sie nur etwa vier Minuten. Es ist also nicht so entscheidend, ob Ihr Satz gleich auf Anhieb exakt das Richtige wiedergibt. Sollten Sie es sehr eilig haben, so können Sie zunächst ein Blatt Papier zur Hand nehmen und die Sätze niederschreiben, die Ihnen auf Anhieb einfallen. Dann wählen Sie den aus, der sich für Sie passend und richtig „anfühlt", wenn Sie ihn laut lesen. Lautes Aussprechen ist jedoch nicht immer erforderlich, um mit dem Problem Kontakt aufzunehmen. Warten Sie ab, bis Sie Teil II gelesen haben, dort werden Sie eine Reihe guter Ideen finden, wie Sie mit einem Problem erfolgreich in Verbindung treten können.

F: *Muss ich immer das ganze „Sandwich" machen?*

A: Nicht unbedingt. Nach dem ersten „Klopfdurchgang", bevor Sie mit den 9G beginnen, können Sie unterbrechen und eine SUD-Bewertung vornehmen. Lässt sich eine deutliche Erleichterung im Bezug auf das betreffende Problem feststellen, so können Sie direkt zum nächsten Durchgang übergehen, den Sie beginnen mit: „Ich akzeptiere mich voll und ganz, auch wenn ich dieses Problem noch nicht vollständig gelöst habe ..."; ist der SUD-Wert sehr niedrig, so können Sie auch unmittelbar übergehen zu: „Ich möchte dieses Problem vollständig überwinden." Stehen Sie noch am Anfang Ihrer Erfahrung mit EFT, so empfehle ich, bei jedem Problem das gesamte „Sandwich" zu machen, schon allein damit Sie Übung bekommen.

F: *Welche Seite des Gesichts bzw. des Körpers wird mit welcher Hand geklopft?*

A: Die bilateralen Meridiane verlaufen parallel auf beiden Körperseiten, Veränderungen an *einer* Seite bewirken Veränderungen auf der anderen. Sie können daher so klopfen, wie es für Sie am angenehmsten ist.

F: *Was tue ich, wenn ich einen Punkt ausgelassen habe?*

A: Entspannen Sie sich. Wichtig ist nur, ob Sie eine positive Veränderung erzielt haben. Alles andere ist ohne Belang. Sie benötigen nur wenige Versuche, um mit dem Verfahren vertraut zu werden.

F: *Es passiert nichts! Mache ich alles falsch?*

A: Bleiben Sie ruhig! Wir sprechen hier über eine sanfte und sehr einfache Methode. Sie ist Ungenauigkeiten gegenüber sehr nachsichtig und Sie können damit keinesfalls Schaden anrichten. Haben Sie die Anweisungen genau gelesen und die Punkte mit Hilfe der Abbildung gesucht, dann stehen die Chancen gut, dass Sie in Wahrheit doch alles richtig machen. Sollten Sie dennoch das Gefühl haben, dass Sie beim ersten Versuch nicht das

Ergebnis erhielten, das Sie sich erhofft hatten, so nehmen Sie einfach einen neuen Anlauf mit einer anderen Eröffnungsaussage oder einem anderen Thema. Spielen Sie, experimentieren Sie! Lassen Sie sich Zeit, sich darüber klar zu werden, welche Wirkung das Verfahren auf Sie unmittelbar, nach einigen Stunden oder am nächsten Tag hat. Sprechen Sie mit einem guten Freund darüber und probieren Sie gemeinsam. Lesen Sie das ganze Buch, Sie werden darin noch viele Anregungen finden. Das Wichtigste aber ist: „Bleiben Sie dran!"

F: *Ich habe Schwierigkeiten, überhaupt mit Emotionen Kontakt aufzunehmen. Was soll ich nur tun?*

A: Dieses Problem haben Sie mit etwa 15 Prozent der gesamten Bevölkerung gemeinsam, es ist also nicht allzu ungewöhnlich. Denken Sie an Ihr Problem und klopfen Sie einfach Ihre Punkte. Bleiben Sie hartnäckig! Lassen Sie sich von einem erfahrenen EFT-Anwender eine Sitzung geben mit dem Ziel, Ihre Blockaden in diesem Bereich zu lösen.

F: *Ich habe mir ein harmloses Thema ausgesucht und habe damit buchstäblich in ein Wespennest von schrecklichen Gefühlen und Erinnerungen gestochen! Was kann ich tun?*

A: Sind Sie von negativen Emotionen richtiggehend überwältigt, so sollten Sie mit einem energetisch arbeitenden Therapeuten sprechen. In der konkreten Situation, in der Sie sich von Ihren Gefühlen überwältigt fühlen, kann es sehr hilfreich sein, ohne Eröffnungsaussage zu klopfen und die Entspannung einfach dahin gehen zu lassen, wo sie gebraucht wird. Eine weitere Möglichkeit ist das Klopfen mit sehr allgemein gehaltenen Aussagen wie etwa „Ich akzeptiere mich voll und ganz, auch wenn ich damit nicht zurechtkomme ..." oder „... auch wenn ich mich davon überwältigt fühle ..." Bei Traumata sollten Sie vorsichtig sein und sie nur mit einem erfahrenen Therapeuten gemeinsam bearbeiten.

Bitte beachten Sie folgenden Hinweis: Befinden Sie sich derzeit in psychotherapeutischer oder psychiatrischer Behandlung bei einem Arzt oder einer entsprechenden Einrichtung oder nehmen Sie Psychopharmaka ein, so holen Sie bitte den Rat eines erfahrenen EFT-Anwenders ein, bevor Sie die Methode bei sich anwenden!

Nebenwirkungen

Ich bin der Meinung, und meine Erfahrungen bestätigen dies, dass EFT eine vollkommen sichere Methode ist. Dennoch gibt es einige körperliche Reaktionen, die vor allem am Anfang einer regelmäßigen Anwendung dieser Technik auftreten können. Diese sind im Folgenden beschrieben, damit Sie darauf vorbereitet sind.

Das Gefühl zu träumen

Viele Klienten berichten in den Minuten unmittelbar nach einem Klopfdurchgang da, dass sie das Gefühl haben, ihre Gedanken seien verschwommen. Für mich ist dies ein Zeichen erhöhter Aktivität im gesamten Organismus, während neue Nervenbahnen entstehen und alte neu ausgerichtet werden; dieser Zustand ist in der Regel nur von kurzer Dauer und ein Glas Wasser kann die Rückkehr zu klarem, aktivem Denken unterstützen.

„Körpergeräusche"

Indem sich der Körper während des Klopfens immer mehr entspannt, können verschiedene Körpergeräusche entstehen, wie etwa Magenknurren, Rülpsen und anderes. Diese sind nur hin und wieder zu hören; wenn es jedoch vorkommt, werten Sie sie positiv, denn sie sind offensichtliche Zeichen von Entspannung und Erleichterung – und vergessen Sie nicht: Was immer Sie auch tun, es wirkt sich positiv auf Körper, Geist und Seele aus!

Schläfrigkeit

Nach meinen Beobachtungen stehen viele Menschen permanent unter Spannung, ob sie arbeiten, ihrem Vergnügen nachgehen oder sich ausruhen. Auch ich war einer von ihnen. Werden mit Hilfe von EFT bestimmte Ängste bearbeitet, so ist festzustellen, dass diese Ängste sich auflösen und die betroffene Person spürt, wie sich in ihrem Inneren eine Form der Entspannung ausbreitet, die sie viele Jahre lang nicht erfahren hat. Eines der ersten Symptome für dieses Phänomen ist ein ungewöhnlich häufiges Gähnen während oder nach der Anwendung des Verfahrens sowie das Bedürfnis zu schlafen. Eine meiner Klientinnen, mit der ich per Telefon arbeitete, wäre mir während der Sitzung fast eingeschlafen und ich musste sie anschreien, um sie wieder aufzurütteln und die Sitzung beenden zu können. Dieser Zustand hält jedoch höchstens eine oder zwei Wochen an, denn das ist in etwa die Zeitspanne, die der Körper benötigt, um sich wieder zu erholen und sich an das neue Energieniveau zu gewöhnen, auf dem er frei von Stress und Ängsten funktionieren kann.

Tränende Augen

Ich habe mir sagen lassen, dass dieses Symptom in unmittelbarem Zusammenhang mit einer erhöhten Ausschüttung bestimmter, im Gehirn vorkommender chemischer Substanzen steht (es wurde nachgewiesen, dass diese in Phasen erhöhter Gehirnaktivität und bei Erfahrungen aktiviert werden, die zu bestimmten Einsichten führen). Ich registriere dieses Symptom bei mir selbst oder meinen Klienten mit besonderer Freude, da es ein körperlicher Hinweis darauf ist, dass auf einer tiefen Ebene bedeutende Veränderungen stattfinden.

Es kann daher nicht oft genug wiederholt werden: *Klopfen tut Ihnen immer gut!* Es wirkt immer entspannend und beruhigend;

sollten Sie zu diesem Zeitpunkt kein Problem haben, für das Sie Hilfe brauchen, dann machen Sie „einfach so", ohne spezielles Thema, einen Klopfdurchgang während des Tages (zu einer Tageszeit, die Ihnen angenehm ist) und einen, bevor Sie zu Bett gehen. Machen Sie sich Notizen über die Verbesserungen, die Sie damit erreichen; sollte eines Tages tatsächlich ein Problem auftauchen, dann sind Sie in der Methode bereits geübt und können mit raschen Erfolgen rechnen.

EFT längerfristig anwenden

Oft kommen mir Bemerkungen zu Ohren wie: „Als ich mit der Methode anfing, verschwand mein Heuschnupfen (meine Migräne; meine Angst, in der Öffentlichkeit zu sprechen; meine Höhenangst; mein Verlangen nach Heroin usw.) von einem Moment zum anderen. Zwei Tage später war er jedoch wieder da ..." Einige Menschen nehmen dies zum Anlass zu verkünden, dass die Methode nicht funktioniere. Das ist eine „Milchmädchenrechnung". Ebenso ließe sich behaupten, dass das Abwaschen nicht funktioniert, weil die Teller immer wieder schmutzig sind, sobald man wieder davon gegessen hat. Wenn es Ihnen gelungen ist, ein Problem einmal „wegzuklopfen", so ist dies der Beweis dafür, dass die Methode sehr wohl funktioniert. Taucht das Problem wieder auf, ist mein Rat, das Verfahren zu wiederholen und von der positiven Wirkung zu profitieren.

In folgenden Fällen sind wiederholte Anwendungen notwendig:

- Die grundlegende Ursache des Problems konnte noch nicht gefunden und aufgelöst werden.

In manchen Fällen ist es sehr wichtig, einen einfühlsamen Therapeuten zu finden und gemeinsam mit ihm eine Vorgehensweise zu erarbeiten, mit der das Problem grundsätzlich zu lösen ist. Besonders bei tief greifenden Problemen und bei Identitätsproblemen (hier handelt es sich um Probleme, deren Lösung eine so enorme Veränderung bewirkt, dass die betroffene Person das Gefühl hätte, nicht mehr dieselbe zu sein wie zuvor) rate ich unbedingt dazu, sich fachkundige Hilfe von außen zu holen. Außerdem sind moralische Unterstützung und Begleitung in jedem Fall äußerst wertvoll. Es gibt jedoch auch Fälle, in denen Sie durch wiederholtes Abändern der Eröffnungsaussage und dabei fortgesetztes Klopfen selbst zur eigentlichen Wurzel des Problems vordringen können.

- Das Problem hat noch weitere, unbekannte Aspekte

Nehmen wir hier einen Mann als Beispiel, der mit Hilfe von EFT seine finanziellen Probleme lösen will. Also klopft er verschiedene Durchgänge zu allen möglichen Themen, die damit in Verbindung stehen könnten; er erreicht deutliche Verbesserungen, das Problem ist jedoch nicht vollständig gelöst. Als er dann eines Tages seine Eltern besucht, fällt es ihm plötzlich wie Schuppen von den Augen, dass sein beruflicher Erfolg die harte Arbeit seines Vaters in gewisser Hinsicht wie Zeitverschwendung aussehen lassen würde. „Dem Vater gegenüber nicht loyal zu sein“ war genau der Aspekt, den er übersehen hatte, er hatte einfach nie daran gedacht. Ein anderes Beispiel ist das der Frau, die Angst vor Spinnen hat. Sie klopft zu diesem Thema und fühlt sich danach gut. Dann geht sie in eine Zoohandlung, um sich eine lebende Spinne anzusehen. Zunächst fürchtet sie sich nicht; die Furcht kehrt aber zurück, als die Spinne anfängt, in ihrem Terrarium herumzurennen. In diesem Fall wurde die Angst vor Spinnen aufgelöst, die sich nicht bewegen – die Angst hatte jedoch einen weiteren, zunächst unerkannten Aspekt, nämlich die vor Spinnen in Bewegung; dies ist eine ganz andere Angelegenheit. Als sie zu diesem Thema klopfte, verschwand das Spinnenproblem wie von selbst, sie konnte anschließend sogar eine Spinne in der Hand halten und auf ihrem Arm laufen lassen.

- Die Macht der Gewohnheit

Haben wir ein Problem schon sehr lange, so wird es zu einer Gewohnheit. Das Klopfen bewirkt einen freien und positiven Energiefluss in den Meridianen; Stressoren und andere äußere Einflüsse im alten, vertrauten Muster können den Energiefluss dennoch blockieren. In diesem Fall brauchen Sie die Methode nur über mehrere Tage hinweg regelmäßig anzuwenden, bis Ihre Meridiane sich an die neue energetische Situation gewöhnt haben.

- Gifte oder Schadstoffe

In einigen seltenen Fällen können Toxine Einfluss darauf nehmen, wie nachhaltig die Methode wirkt. Dies kommt, wie bereits erwähnt, nur äußerst selten vor, die drei zuerst genannten Gründe sind viel häufiger Anlass dafür, dass die Anwendungen wiederholt werden müssen. Wenn Ihnen die Wiederholungen lästig sind, machen Sie sich doch einmal bewusst, wie viele Aspirintabletten Sie in Ihrem Leben eingenommen haben. Haben Sie auch nur einen Moment vorausgesetzt, dass ein einziges Aspirin Ihre Kopfschmerzen für den Rest Ihres Lebens beseitigen müsste. Dasselbe gilt für EFT. Selbstverständlich erwarten wir von der Methode bzw. einem Medikament, dass sie unser jetziges Problem ein für allemal lösen, und normalerweise ist dies auch der Fall. Treten die Symptome erneut auf, so klopfen Sie einfach weiter; der beste Ratschlag ist: „Bleiben Sie hartnäckig!"

- Psychische Umkehrung

Ich halte das Konzept und die Auflösung der „psychischen Umkehrung" für die großartigste Komponente der energetisch ausgerichteten Therapien oder Meridiantherapien. In Fachkreisen werden viele Diskussionen darüber geführt, was bei der psychischen Umkehrung geschieht; es scheint jedoch festzustehen, dass ein Schock, ein Trauma oder wiederholte negative Urteile, mit denen man in der Kindheit etikettiert wurde, dafür verantwortlich sein können, dass der Energiefluss im Zusammenhang mit einem bestimmten Thema in die falsche Richtung läuft, das er sich umkehrt. Dies lässt sich mit dem Phänomen vergleichen, das zu beobachten ist, wenn die Batterien falsch herum in ein Transistorradio eingelegt wurden: Schaltet man das Radio ein, so kann es nicht funktionieren.

Fast alle Menschen haben zum Beispiel eine oder mehrere Umkehrungen im Zusammenhang mit gesundheitlichen Themen. Würde man dies mit dem Muskeltest überprüfen, so würden diese Menschen auf die Aussage „Ich möchte gesund sein" schwach testen; das bedeutet, dass sie dieser Aussage nicht glauben und diese Aussage für sie nicht der Wahrheit entspricht – die psychische Umkehrung ist dafür verantwortlich, dass genau das Gegenteil von dem passiert, was eigentlich passieren soll – was man eigentlich möchte. Dieses Phänomen scheint im Zusammenhang mit chronischen Erkrankungen resistent gegen jede Form ganzheitlicher oder allopathischer Behandlung zu sein; auch in Fällen, in denen die Symptome nach jeder Behandlung zunächst für eine gewisse Zeit schwächer werden, um dann stärker wieder in Erscheinung zu treten, ist psychische Umkehrung mit großer Wahrscheinlichkeit die Wurzel des Problems.

Das Thema zeigt sich in aller Deutlichkeit bei Menschen, die bereits unzählige Male versucht haben, ihrem Leben eine positive Wendung zu geben und die letztendlich immer wieder dort landen, wo sie begonnen haben. Sie führen einen aussichtslosen Kampf gegen Süchte, Übergewicht oder mangelnde körperliche Fitness. Sie kämpfen mit eisernem Willen gegen eine innere Programmierung, die so angelegt ist, dass alle Ratschläge, die sie erhalten – und auch die guten Vorsätze, die sie für sich selbst fassen – ins Gegenteil verkehrt werden.

Versucht jemand, bei dem eine psychische Umkehrung vorliegt, Veränderungen mit Willenskraft herbeizuführen, so ergeben sich Probleme allein aus der Tatsache, dass Willenskraft ihrem Wesen nach nicht für langfristige Ziele taugt. Diese menschliche Eigenschaft diente ursprünglich dazu, dass der Kopf kurzfristig das Kommando über den Körper übernehmen konnte, und zwar in Notsituationen, in denen es uns dadurch möglich ist, zum Beispiel in ein brennendes Haus zu rennen und ein Kind aus den Flammen zu retten oder unsere Angst zu überwinden und gegen ein wildes Tier zu kämpfen. Will man aber Probleme lösen, indem man versucht Dinge mit Willenskraft langfristig zu verändern, so führt dies zu zwei möglichen Ergebnissen, die beide gleichermaßen problematisch sind.

Das erste ist, dass man Erfolg hat und sich über die Bereiche, in denen die Umkehrung aktiv ist, permanent hinwegsetzt. Dass man nun aber ständig Willenskraft aufbringen muss, entzieht dem Organismus Energie, führt zu geistiger und körperlicher Unbeweglichkeit und kann langfristig ernsthafte Auswirkungen auf die Gesundheit haben, denn der Konflikt ist nicht gelöst, nur unterdrückt; er wird stattdessen in allen möglichen Formen von Unbehagen oder Unwohlsein im geistigen, körperlichen oder seelischen Bereich zum Ausdruck kommen.

Das zweite mögliche Ergebnis ist, dass jemand, der versucht, eine psychische Umkehrung mit seiner Willenskraft niederzuhalten, dies schlicht nicht durchhalten kann. Wie bereits erwähnt, raubt der Versuch, „allein mit Willenskraft zu funktionieren“ dem Organismus enorm viel Energie; wird gleichzeitig noch Energie für andere Herausforderungen benötigt oder macht sich das niedrige Energieniveau eines Tages durch eine leichte Depression bemerkbar oder dadurch, dass man sich ein wenig krank fühlt oder eine Erkältung bekommt, so ist dies genau der berühmte „Tropfen, der das Fass zum Überlaufen bringt" – in unserem Fall zu einem Zusammenbruch der Willenskraft. In diesem Moment der Krise können unsere Umkehrungen wieder das Kommando übernehmen – das ist dann der „trockene Alkoholiker", der sich zum ersten Mal wieder betrinkt, oder die übergewichtige Frau, die geradewegs zum Kühlschrank geht.

Die langfristigen Auswirkungen eines solchen Verhaltens belegen die Selbstachtung eines Menschen mit einer schrecklichen Hypothek, denn jedes Mal, wenn so etwas passiert, klagt er sich selbst heftig dafür an, schwach und nutzlos zu sein und nicht genug Willensstärke aufbringen zu können. Sogar viele Therapeuten – ob sie sich dazu bekennen oder nicht – teilen die Auffassung unserer Gesellschaft darüber, dass Menschen, die sich nicht unter Kontrolle haben, irgendwie schwach und weniger wertvolle Mitglieder der Gesellschaft sind, sich nicht genug Mühe geben oder einfach leiden wollen.

Das Konzept der psychischen Umkehrung raubt dieser emotionalen Erpressung die Grundlage. Das Auflösen einer psychischen Umkehrung ist einfach und zutiefst effektiv – mit Hilfe zweier spezifischer Punkte lässt sich eine Umkehrung innerhalb weniger Sekunden korrigieren: mit dem „wunden Punkt" und dem Handkantenpunkt.

Da EFT über hervorragende Möglichkeiten zur Aufdeckung der zugrunde liegenden Ursachen und zur Entwicklung eines gesunden Selbstwertgefühls verfügt, haben wir mit der Korrektur der psychischen Umkehrung – für alle Probleme ohne Unterschied – eine Technik zur Hand, die Schmerz und Leiden lösen und lange bestehende Probleme (für viele Menschen Ursache heftigen Kummers oder schrecklicher innerer Kämpfe) beseitigen kann. Auch psychische Umkehrungen, die bereits seit langer Zeit bestehen, können aufgelöst und eingefahrene Muster können verändert werden; das Schönste daran ist jedoch, wie Gary Craig es gern auszudrücken pflegt, dass es sich nicht um einen

Charakterfehler handelt, sondern um etwas ganz Alltägliches. Damit wird endlich die Bürde aus Schuld und Scham von all denen genommen, die kein größeres, aber auch kein geringeres Problem haben als das einer einfachen psychischen Umkehrung. (Siehe hierzu auch in Teil III unter „Willensstärke“)

Es ist wirklich so einfach!

An dieser Stelle schauen mich manche Menschen etwas verwirrt an und fragen, ob das alles ist, ob man wirklich nur diese wenigen Punkte zu klopfen und diese Sätze zu sprechen braucht. Sie sind davon überzeugt, dass etwas so Einfaches unmöglich bei ernsten Problemen wie Todesangst, dem Verlust eines geliebten Menschen, Depressionen und Panikattacken helfen kann. Will man diese Zweifel ausräumen, so braucht man sich nur daran zu erinnern, dass EFT einzig auf der Annahme basiert, dass man eingreifen kann an einem Punkt, der zwischen dem Auslöser in Form eines Gedankens, einer Erinnerung oder eines externen Reizes und dem Erfahren einer negativen Emotion und liegt.

Dieser Punkt oder Zwischenschritt ist der feinstoffliche Energietransfer durch die Meridiane im gesamten Körper. Diese Theorie ist tatsächlich sehr einfach und sie werden feststellen, dass sie in der Praxis funktioniert. Und natürlich wissen wir alle, dass die erstaunlichsten und elegantesten Lösungen meist die einfachsten sind.

Im Folgenden finden Sie den gesamten Ablauf des EFT-Verfahrens im Überblick:

4. Das Verfahren im Überblick

Schritt 1: Nennen Sie das Problem beim Namen, beschreiben Sie es klar, ehrlich und direkt (Problemaussage).

Schritt 2: Ordnen Sie den Stress, den Sie in diesem Moment mit Ihrem Problem haben auf einer Skala von 0 bis 10 ein (SUD-Wert).

Schritt 3: Das Setup: Sprechen Sie den folgenden Satz dreimal laut aus: „Ich akzeptiere mich voll und ganz, auch wenn ich dieses Problem habe …“ (Eröffnungsaussage) Massieren Sie dabei gleichzeitig den „wunden Punkt“ oder klopfen Sie den Handkantenpunkt, um eine mögliche psychische Umkehrung aufzulösen.

Schritt 4: Entscheiden Sie sich für einen kurzen „Erinnerungssatz“ und sagen Sie diesen, während Sie jeden Punkt in der Reihenfolge von oben (Augenbrauenpunkt) nach unten (Handkantenpunkt) klopfen.

Schritt 5: Machen Sie die 9G (Augen von links nach rechts, von oben nach unten, im Kreis, summen, zählen, summen, tief ein- und ausatmen), und halten oder klopfen Sie dabei den Serienpunkt.

Schritt 6: Verfahren Sie wie bei Schritt 4 und benutzen Sie denselben Erinnerungssatz.

Schritt 7: Atmen Sie tief ein und wieder aus und nehmen Sie dann eine erneute SUD-Bewertung vor.

Weitere Durchgänge: Verändern Sie das Setup schrittweise wie folgt, um Ihren SUD-Wert auf 0 abzusenken:

- „Ich akzeptiere mich voll und ganz, auch wenn ich dieses Problem noch nicht ganz gelöst habe.“

- „Ich akzeptiere mich voll und ganz und ich will dieses Problem vollständig lösen.“

Herzlichen Glückwunsch! Sie haben Ihre erste EFT-Balance gemeistert!

Teil II
Mit EFT Erinnerungen bearbeiten

Ich vertrete die Auffassung, dass fast alles, was uns im täglichen Leben beunruhigt, das Ergebnis einschränkender Überzeugungen von der Welt und von uns selbst ist; diese einschränkenden Überzeugungen sind wiederum das Ergebnis traumatischer Erinnerungen. Zu dieser Auffassung gelangte ich durch meine jahrelange Tätigkeit in der Hypnosetherapie. Dieser Ansatz basiert auf der folgenden Überlegung: Gab es in unserer Vergangenheit eine Zeit (und sei es nur unmittelbar nach unserer Geburt), in der wir ein bestimmtes Problem, das uns heute belastet, noch nicht hatten, so bedeutet dies, dass etwas passiert sein muss, das Ursache für die Entstehung dieses Problems war. Ein gutes Beispiel hierfür ist ein Klient, der zu mir kam, als ich EFT noch nicht kannte und nur mit Hypnosetherapie arbeitete. Er litt seit seinem sechsten Lebensjahr an starkem Heuschnupfen (davor hatte er damit keine Probleme gehabt). In diesem Alter war er von einer Biene gestochen worden, während er sich einen Hang mit frisch gemähtem Heu hinunterrollen ließ. Er reagierte mit einem allergischen Schock und wäre fast gestorben; sein Immunsystem schloss aus diesem Erlebnis, dass zwischen der schweren Erkrankung und dem frisch gemähten Heu ein Zusammenhang bestehen müsse und so entstand sein Heuschnupfen. Nachdem dieser aufgelöst worden war, gehörte der Heuschnupfen der Vergangenheit an.

Hypnosetherapien tun sich sehr schwer damit, derartige Verbindungen aufzulösen, für EFT ist es jedoch ein Leichtes. Die Grundaussage der EFT macht deutlich, dass *nicht die Erinnerung an sich Ursache des Problems* ist, *sondern die Art und Weise, wie diese Erinnerung eine Störung im Energiesystem des Körpers auslöst.* Die

Störung ist – ebenso wie die Erinnerung – für immer gespeichert und wird ebenfalls immer wieder aktiviert, wenn der richtige Auslöser auftaucht. Bei dem oben angeführten Beispiel vom Heuschnupfen wurde die extreme Immunreaktion dadurch ausgelöst, dass bei jedem Kontakt mit einer blühenden Vegetation ein Alarmsignal durch die Meridiane gesandt wurde; nachdem dieses Alarmsignal aber in einen harmonischen Energiefluss verwandelt worden war, musste das Immunsystem nicht mehr überreagieren.

Es gibt viele Möglichkeiten, Erinnerungen mit Hilfe von EFT zu balancieren. Bevor wir uns näher damit beschäftigen, sollten wir uns zunächst mit der Wirkung vertraut machen, die auftritt, wenn wir mit Emotionen arbeiten; Sie sind dann besser vorbereitet und wissen, was Sie erwartet, wenn Sie an Ihren eigenen Erinnerungen zu arbeiten beginnen.

1. Erinnerungen von Emotionen befreien

Die Erinnerung bleibt intakt, sie bleibt unverändert bestehen

Dies bedeutet, dass mit Hilfe von EFT der emotionale Stress von einer Erinnerung genommen wird; die Erinnerung als solche bleibt davon unberührt, sie ist nach wie vor vorhanden, kann abgerufen werden und wird häufig klarer wahrgenommen: Viele Menschen berichten von allen möglichen neuen Einsichten, zu denen sie gelangten, nachdem ihr Blick nicht mehr länger durch die schrecklichen emotionalen Störungen getrübt war.

Erinnerungen (und ihre Gegenstände) öffnen sich dem gesunden Menschenverstand

Alle möglichen Entscheidungen, auch viele unsinnige, sind häufig das Ergebnis traumatischer Erinnerungen. So könnte zum Beispiel eine Frau, die mit einem bestimmten Mann schlechte Erfahrungen gemacht hat, zu dem Schluss kommen, dass man Männern grundsätzlich nicht vertrauen kann. Wenn sie darüber nachdächte, käme sie zwar zu dem Schluss, dass dies unsinnig und unvernünftig ist; die an die Überzeugung gekoppelte Emotion verhindert jedoch jede Form von Widerspruch von Seiten der betroffenen Person.

Wurde der emotionale Stress abgelöst, so kann der gesunde Menschenverstand wieder das Ruder übernehmen und die Frau aus unserem Beispiel ist in der Lage, *eine rationale Unterscheidung* zu treffen, die einerseits berücksichtigt, dass es „schlechte" Männer gibt und dass eine Frau zum eigenen Schutz Wege finden muss, diese zu erkennen und ihnen möglichst aus dem Weg zu gehen. Andererseits muss darin Raum für die Erkenntnis sein, dass es zweifellos auch nette und gute Männer gibt.

Emotionen schützen uns nicht

In diesem Zusammenhang ist häufig der Einwand zu hören, dass man in einer bestimmten Situation nicht mehr sicher wäre, wenn eine spezielle Angst aufgelöst würde. Lebte jemand zum Beispiel in einer Gegend, in der es viele giftige Spinnen gibt, so befände er sich, nachdem seine Spinnenphobie aufgelöst wurde, in größerer Gefahr als andere Menschen.

Dieser Einwand ist nicht stichhaltig; ist jemand in heller Aufregung oder voller Panik, so ist er keinesfalls in der Lage, die Verantwortung für ihre eigene Sicherheit zu übernehmen oder sich genau zu überlegen, wie sie der Gefahr ausweichen könnte. Es ist vielmehr immer die von Panik erfasste Person, die den fatalen Fehler begeht, die kopflos in eine Sackgasse rennt, die auf dem schmalen Grad stolpert und die Klippen hinabstürzt oder völlig außer sich vor einer Spinne zurückweicht, um im gleichen Moment rückwärts über eine andere zu stolpern. Sollten Sie mit diesem Thema konfrontiert werden, dann denken Sie daran, *dass negative Emotionen uns keinen Schutz bieten, sondern allein unser gesunder Menschenverstand.* Sind Sie in der Lage, einen kühlen Kopf zu bewahren, ihre körperlichen Reaktionen unter Kontrolle zu behalten und klar und konzentriert zu denken, so sind sie viel besser geschützt.

„Leiden ist edel oder notwendig"

Besonders dort, wo es um die Trauer um einen Verstorbenen geht, stößt man häufig auf das Phänomen, dass die Hinterbliebenen das Gefühl haben, an ihrem Schmerz möglichst lange festhalten zu müssen und damit zu demonstrieren, wie viel ihnen der Verstorbene bedeutet hat – sie sterben in gewisser Weise mit.

Hierzu sind zwei Dinge zu bemerken: Erstens verlangt Liebe niemals nach Leiden und erfreut sich auch nicht daran. Mir persönlich würde es das Herz brechen, wenn ich wüsste, dass meine Kinder oder Freunde ihr Leben nach meinem Tod in ein Jammertal verwandelten. Ich würde vielmehr wollen, dass sie glücklich sind, und kann nur annehmen, dass alle Menschen, die lieben können, ähnlich empfinden wie ich.

Der zweite Punkt ist, dass *jeder selbst die Verantwortung für seine Emotionen* und dafür hat, wie er damit umgehen will. Niemand ist dazu verpflichtet, seinen Stress im Hinblick auf ein bestimmtes Thema bis auf den Wert 0 „herunterzuklopfen", wenn er das nicht will (siehe hierzu auch in Teil III unter „Verlust eines geliebten Menschen").

Bei manchen Themen kann es durchaus sinnvoll sein, den Grad an Schmerz im Laufe der Zeit langsam zu reduzieren und sich selbst die Möglichkeit zu geben, sich den Veränderungen anzupassen. Darum soll es im Folgenden gehen.

2. Die Schritt-für-Schritt-Methode

Stellen wir uns einmal eine weibliche Person vor, die unter Agoraphobie (Angst vor offenen Plätzen) leidet. Sie ist verheiratet und leidet bereits seit 20 Jahren unter diesem Problem; dies hat zur Folge, dass nicht nur sie selbst, sondern der gesamte Haushalt, bestehend aus ihrem Ehemann, ihren Kindern und den Großeltern, und selbst ihr Freundeskreis daran gewöhnt ist, mit diesem Problem zu leben und sich damit zu arrangieren. Würde diese Frau plötzlich aufspringen und alle möglichen Aktivitäten im Freien beginnen, so würde dieses veränderte Verhalten mit Sicherheit auf sämtlichen Ebenen zu Turbulenzen führen. Natürlich gilt dies nicht grundsätzlich, hier liegt jedoch häufig der Grund dafür, dass der Beseitigung eines Problems massiver Widerstand entgegengesetzt wird, wenn dieses zu einem festen Bestandteil im Leben der betreffenden Person geworden ist und Leben und Beziehungen dieser Person schon lange Zeit entscheidend davon beeinflusst werden. Eine sichere Methode, ein derartiges Problem anzugehen ist, es *über einen langen Zeitraum hinweg schrittweise zu reduzieren.*

Diese Schritt-für-Schritt-Methode hat folgende Vorteile:

1. Sie verschafft sowohl der betroffenen Person als auch ihrer Umgebung und den Menschen, die in ihrem Leben eine Rolle spielen, die nötige *Zeit, sich den Veränderungen anzupassen*, neue Verhaltensweisen zu entwickeln und Abläufe und Beziehungen neu zu organisieren.

2. Dieser Ansatz ist sehr sanft und unterstützend; dadurch wird der betreffenden Person die Entscheidung darüber, ob sie die Veränderung auch tatsächlich will, wesentlich erleichtert.

3. Die Veränderung vollzieht sich weniger schnell und wirkt dadurch auch weniger beängstigend.

4. Während dieser Prozess abläuft, können andere Themen, die mit dem ursprünglichen Problem in Zusammenhang stehen, eines nach dem anderen in einer ganzheitlichen, den Zusammenhang wahrenden und vor allem sehr wirtschaftlichen Weise mit gelöst werden.

Negative Emotionen sollen uns „etwas lehren"

Dies ist sicher für manchen von uns zutreffend und wir sollten dankbar für jede Lektion sein, die wir lernen dürfen. Vergessen Sie nicht, dass alle Erkenntnisse, die wir aus unseren Erfahrungen und Erlebnissen gewinnen, *in all ihren Aspekten erhalten bleiben.* Wurde der emotionale Stress erst einmal aufgelöst oder zumindest auf ein erträgliches Maß reduziert, so werden Sie in der Lage sein, aus diesen Erfahrungen und Erlebnissen sogar noch mehr zu lernen.

Eine meiner Klientinnen hatte zum Beispiel eine sehr unglückliche erste sexuelle Erfahrung mit einem ebenso unerfahrenen Partner; für sie war es ein im höchsten Maße peinliches und nicht nur emotional schmerzliches Erlebnis gewesen, geeignet, einer jungen Frau für lange Zeit die Freude an sexuellen Kontakten jeder Art zu nehmen. Nachdem die negativen Emotionen aufgelöst worden waren, lächelte und kicherte sie und machte Bemerkungen darüber, wie schrecklich diese Erfahrung für den jungen Mann gewesen sein musste; dann wurde sie nachdenklich und erwog alle möglichen neuen Einsichten, die sich ihr nun zum ersten Mal zu eröffnen begannen.

Negative Emotionen sind eine „gerechte Strafe"

Für manche Menschen sind negative Emotionen eine Form der Selbstbestrafung für alle möglichen Fehler, die sie gemacht haben oder gemacht zu haben glauben. Ärger oder sogar Wut auf sich selbst ist sicherlich die destruktivste aller emotionalen

Kräfte; dennoch tritt sie häufig und in vielfältiger Weise in Erscheinung, und zwar nicht nur bei Menschen, die als Kinder sexuell missbraucht wurden.

Ein Kollege berichtete mir von einem Mann, der einen Unfall in einem Industrieunternehmen verursachte, bei dem er selbst und einige seiner Kollegen Vergiftungen davontrugen. Der Vorfall lag bereits sieben Jahre zurück und jeder der Beteiligten war inzwischen geheilt und konnte sein Leben weiterleben, nur bei dem Mann, der den Unfall verursacht hatte, blieben die Symptome bestehen. Während einer „Klopfsitzung" zeigte sich, dass er noch immer in einem ungewöhnlich hohen Maß ärgerlich auf sich selbst war, weil er „so dumm gewesen war", den Unfall zu verursachen; dieser Ärger verlangte, dass er weiter leiden sollte, und erlaubte ihm nicht, gesund zu werden. Nachdem die negativen Emotionen aufgelöst worden waren, begannen seine Verletzungen endlich zu heilen.

Eine weitere Variante dieses Phänomens ist die folgende „verdrehte" Reaktion: „Sie haben mich verletzt. Nun werde ich noch mehr leiden, dann werden sie schon sehen, was sie davon haben!" Ein gutes Beispiel hierfür ist auch der abgewiesene Liebende, der sich in dem seltsamen Versuch den anderen (der sich in der Regel überhaupt nicht dafür interessiert) zu bestrafen, Mühe gibt, so unglücklich wie möglich zu sein.

Eine weitere Variante sind Menschen, die an ihrem Kummer festhalten und sich keine Besserung gönnen, weil sie glauben, dass dadurch in gewisser Weise die Verletzung, die ihnen zugefügt wurde, gerechtfertigt würde. Ich verstehe, was jemand in dieser Situation fühlt, denn ich habe dieses Gefühl viele Male selbst durchlebt; und trotzdem halte ich es nicht für fair oder richtig, dass jemand, der sowieso schon leidet, noch mehr leiden sollte, nur um des Leidens willen.

Sollten Sie das Gefühl haben, dass Sie an einem ähnlichen Missverständnis leiden, so können Sie zunächst mit Aussagen wie etwa der folgenden klopfen: „…, auch wenn ich noch nicht genug gelitten habe.“ Oder: „…, auch wenn ich nicht verzeihen kann.“ Damit können Sie den Anfang dafür machen, heil zu werden.

Nun, da die nötigen Voraussetzungen geschaffen sind, können wir uns der Anwendung der EFT bei spezifischen Erinnerungen oder daraus entstandenen Problemen zuwenden.

3. EFT auf Erinnerungen anwenden

Die Aussage

Dies ist im Grunde die gängigste und wirkungsvollste Methode, Probleme jeder Art zu lösen. Aus den folgenden Beispielen können Sie entnehmen, wie Sie das jeweilige Problem im Grunde einfach nur beim Namen zu nennen brauchen (Problemaussage):

Ich bin nicht in der Lage, Geld zu verdienen.

Meine Frau macht mich wahnsinnig.

Ich habe diese Schmerzen in der Schulter.

Ich habe Angst zu sterben.

Gott liebt mich nicht.

Ich werde nie lernen zu …

Ich bin nutzlos für …

Die Menschen mögen mich nicht.

Ich habe diese Warze auf der Nase.

Ich habe schreckliche Angst vor Schlangen.

Ich habe eine schreckliche Verstopfung.

Mein Kind versagt in der Schule.

Meine Mutter hat mich nicht geliebt.

Ich kann ohne Kokain nicht leben.

Ich habe keine Begabung zu außersinnlicher Wahrnehmung.

Ich finde meinen Körper abstoßend.

Machen Sie einen solchen Satz zu Ihrer Eröffnungsaussage und fügen Sie folgenden Vorsatz hinzu: „Ich akzeptiere mich voll und ganz, auch wenn …“

Dies ist die direkte und einfachste Möglichkeit, EFT anzuwenden: Es werden weder intuitive noch sprachliche Fähigkeiten benötigt und Sie müssen weder Detektiv noch Therapeut sein. Dennoch ist die Methode sehr effektiv.

Das Schlüsselwort

Manche Themen oder Erinnerungen sind so schrecklich, dass Sie einfach nicht darüber sprechen können, weil Sie jedes Mal, wenn Sie es versuchen, von Ihren Emotionen überwältigt werden. Entscheiden Sie sich in einem solchen Fall für ein einzelnes Schlüsselwort, das für Sie das ganze Problem oder die ganze Erinnerung repräsentiert, und beginnen Sie zum Beispiel mit: „Ich akzeptiere mich voll und ganz, auch wenn ich die Erinnerung an diese Rose habe." (Fügen Sie Ihr eigenes Schlüsselwort in die Eröffnungsaussage und den Erinnerungssatz ein.)

Häufig reicht es aus, nur mit diesem Schlüsselwort zu arbeiten, um das gesamte Problem, die gesamte Erinnerung aufzulösen. In manchen Fällen kommt es aber auch vor, dass unterschiedliche Aspekte erkennbar werden; Sie können dann neue Schlüsselwörter wählen, die diese unterschiedlichen Aspekte repräsentieren.

So können Sie mit Emotionen arbeiten, für die Sie keine Bezeichnung finden oder für die Sie den Grund nicht kennen. Ich selbst erlebte eine Zeit lang immer dann eine sehr starke emotionale Reaktion, wenn ich ein bestimmtes Lied hörte; an der Stelle, an der der Chor sang „... und der Himmel war so blau ...", hatte ich jedes Mal das Gefühl, in Tränen ausbrechen zu müssen. Ich habe bis heute keine Ahnung, wodurch dieses Gefühl ausgelöst wurde oder worum es dabei überhaupt ging; ich klopfte einfach mit „..., auch wenn ich diese ‚Blauer-Himmel-Traurigkeit' habe". Damit konnte ich die Emotion auflösen, ohne dass irgendwelche Erkenntnisse, Nachforschungen oder sonstiger Ärger notwendig gewesen wären.

Sollte diese Variante bei Ihnen immer noch zu starke emotionale Reaktionen auslösen, so können Sie das Schlüsselwort weiter verkürzen; so könnten Sie, um bei unserem Beispiel zu bleiben, mit dem Wort „blau“ klopfen; je größer Ihre emotionale Distanz zu Ihrem Schlüsselwort ist (sie können natürlich auch eine Farbe, eine Zahl oder jedes andere Symbol benutzen), desto besser können Sie die emotionale Reaktion kontrollieren. Haben Sie eine gewisse Zeit mit dem Schlüsselwort geklopft, so stellen Sie vielleicht fest, dass die emotionale Intensität Ihrer Reaktion so weit abgenommen hat, dass Sie nun näher die Erinnerung herangehen können. In manchen Fällen wirkt das Schlüsselwort auch für sich allein und Sie stellen vielleicht irgendwann fest, dass sich die damit zusammenhängende Erinnerung neutral anfühlt.

Eine Geschichte erzählen

Auf diese Weise können Sie außerdem mit Erinnerungen umgehen, an denen Sie vielleicht schon seit Jahren in einer Therapie oder an anderer Stelle arbeiten und die noch immer nicht vollständig aufgelöst werden konnten. Sie können für sich selbst allein daran arbeiten oder gemeinsam mit einem anderen: Achten Sie in jedem Fall darauf, dass Sie die Geschichte dieser Erinnerung laut erzählen. Dafür gibt es wichtige neurologische Gründe: Wird etwas, an das wir uns erinnern, laut ausgesprochen, so entfaltet unser Gehirn eine wesentlich komplexere Aktivität, als wenn wir nur im Stillen daran denken.

Beginnen Sie ganz von vorn und erzählen Sie die Geschichte, die sich zugetragen hat, als wollten Sie sie jemandem erzählen, dem Sie voll und ganz vertrauen. Beobachten Sie sich selbst sehr sorgfältig und achten Sie auf jedes Vibrieren in Ihrer Stimme, jedes Erschaudern, auf kurze, stoßartige Atemzüge, auf jede Sinneswahrnehmung und auf Emotionen, die bei bestimmten Worten in Ihnen aufsteigen; sobald Sie etwas Derartiges wahrnehmen, klopfen Sie mit dem letzten Satz, den Sie gesagt haben. Haben Sie das Gefühl, dass dieser Aspekt aufgelöst werden konnte, beginnen Sie mit Ihrer Geschichte von vorn und versichern Sie sich, dass Sie dieses Mal problemlos über die kritische Stelle hinwegkommen. Erzählen Sie die Geschichte zu Ende und halten Sie dabei immer dann inne und klopfen Sie, wenn Sie das Gefühl haben, dass sich hinter Ihren Worten eine negative Emotion verbirgt. Fahren Sie damit so lange fort, bis Sie die ganze Geschichte vom Anfang bis zum Ende vollkommen ruhig erzählen können.

Im Folgenden finden Sie ein gutes Beispiel hierfür, das ich mit einer Klientin bearbeitet habe:

„Ich kam vom Einkaufen nach Hause und hörte wie immer den Anrufbeantworter ab, weil das Signallicht leuchtete. – Ich hörte die Nachricht vom Tod meiner Mutter."

(*An dieser Stelle erschauderte meine Klientin und beim letzten Teil des Satzes versagte ihre Stimme. Wir klopften mit: „... , auch wenn mir diese Nachricht den Tod meiner Mutter mitteilte."*)

Die Klientin fuhr fort: „Ich erhielt die Nachricht vom Tod meiner Mutter (*keine Schwankungen in ihrer Stimme nach dem ersten Durchgang mit EFT; ruhiges, gleichmäßiges Atmen*) und wusste in diesem Moment überhaupt nicht, was ich tun sollte. Ich war wie benommen." (Tiefer Atemzug, die Stimme versagte wieder. Wir klopften mit: „..., auch wenn ich in diesem Moment nicht wusste, was ich tun sollte" und „..., auch wenn ich mich so benommen fühlte.")

Die Klientin fuhr fort: „Ich fühlte mich so benommen, ich stieg einfach in mein Auto und fuhr los. Die Fahrt war schrecklich, ich weinte und weinte die ganze Zeit."

(Wir klopften mit: „…, auch wenn es eine schreckliche Fahrt war." (Dieser Satz brachte weitere Aspekte an die Oberfläche, nämlich „…, auch wenn ich glaubte, ich würde einen Unfall haben" und „…, auch wenn ich glaubte, niemals dort anzukommen" und: „…, auch wenn ich die ganze Zeit weinte.")

Die Klientin fuhr fort: „Als ich ankam, war ich völlig erschöpft; ich glaubte, dass ich auch sterben würde."

(Wir klopften mit: „…, auch wenn ich völlig erschöpft war" und „…, auch wenn ich glaubte, dass ich auch sterben würde.")

An dieser Stelle nahm die Klientin einen tiefen Atemzug und sagte: „Ich fühle mich jetzt ganz anders, als ob eine schwere Bürde von mir genommen wäre."

Ich bat Sie, mir die Geschichte noch ein weiteres Mal zu erzählen; dieses Mal sprach sie ohne Zögern oder Veränderungen in ihrer Stimme, ohne Unterbrechungen, ohne Schluchzen oder andere Anzeichen emotionalen Aufruhrs. Ich war sehr zufrieden damit, dass diese besondere Erinnerung aufgelöst war, und meine Klientin fühlte sich außerordentlich erleichtert und glücklich und erklärte lächelnd, dass sie sich nun so leicht und jung fühle wie schon viele Jahre nicht mehr. Als Folge dieser Sitzung verschwanden auch ihre Angst vor dem Autofahren und ihre Migräneanfälle.

Dies ist eine sehr tief greifende Methode zur Klärung und Auflösung von Erinnerungen. Für Therapeuten ist in diesem Zusammenhang auch interessant, dass dieser Ansatz „weiße Flecken", also fehlende Teile einer Erinnerung, „Punkte totaler Dissoziation", an die Oberfläche bringt. Diese lassen sich mit Aussagen wie den folgenden aufschließen: „…, auch wenn ich nicht weiß, was geschah, als ich um die Ecke bog“ oder „…, auch wenn ich mich nicht daran erinnern kann, wie ich nach Hause gekommen bin“ usw. Dann kann man sie auf dem üblichen Weg auflösen.

Mit Bildern arbeiten

Eine weitere, interessante Möglichkeit, die ausgleichenden Wirkungen von EFT in die richtigen Bereiche zu lenken, ohne dass der Klient irgendetwas dazu sagen muss, besteht darin, eine Fotografie oder irgendein anderes Bild zu wählen, das ein Problem repräsentiert.

Eine ältere Dame entdeckte längst vergessene, positive Erinnerungen und glückliche Aspekte ihrer Kindheit wieder, indem sie beim Klopfen Fotos betrachtete, die sie zeigten, als sie noch jünger war. Einer meiner männlichen Klienten benutzte eine Fotografie seiner geschiedenen Frau, um intensive Gefühle von Ärger, Traurigkeit und Betrogensein, die er nicht in Worte fassen konnte, aufzulösen. Eine ältere Dame, die unter vielen Problemen litt, die mit ethnischen Säuberungsaktionen in einem totalitären Regime zusammenhingen und die eine große Zahl traumatischer Erinnerungen aus ihrer frühen Kindheit hatte, benutzte ein Bild aus einer Zeitung als ersten Schritt, dieses Thema abzulösen. Vor einiger Zeit hörte ich von einer Frau, die eine Fernsehsendung über Luftaufnahmen benutzte, um ihre Höhenangst im täglichen Leben erfolgreich aufzulösen.

Kürzlich erfuhr ich von einer weiteren, sehr interessanten Anwendungsmöglichkeit, die ein Mann gewählt hatte, der es hasste, Fotos von sich selbst anzuschauen. Er zog daraus die richtige Schlussfolgerung, dass dies das Symptom für ein tief sitzendes Problem sein musste, das mit seinem Selbstwertgefühl zu tun hatte. Er verbrachte einen Monat damit, Fotografien von sich aus verschiedenen Lebensabschnitten zu betrachten, sich selbst in die Augen zu sehen und zu klopfen, ohne dabei ein

Wort zu sprechen. Später erzählte er mir, dass er dabei sehr starke Emotionen empfunden und dies als äußerst befreiend erlebt habe. Ich nehme daher an, dass Identitätsprobleme sehr gut gelöst werden können, indem man sich einfach vor einen Spiegel stellt, sich selbst in die Augen sieht und klopft. Gelingt Ihnen das auch dann, wenn Sie nackt sind, und können Sie dabei voller Freude lachen, so wissen Sie, dass Sie es geschafft haben!

Dinge, Gegenstände und Substanzen

Ebenso wie mit Bildern oder Liedern gearbeitet werden kann, wenn diese das Verbindungsglied zu der negativen Emotion innerhalb der Nervenverbindungen sind, können wir auch andere Gegenstände und Substanzen zu Hilfe nehmen. Das kann vor allem in Fällen, in denen eine Vielzahl von Themen und Aspekten beteiligt ist, oder wenn die richtigen Worte nur schwer oder überhaupt nicht gefunden werden, effektiver sein als eine Eröffnungsaussage. Eine Klientin, die in der Zeit nach dem Tod eines geliebten Haustieres unter starken Schuldgefühlen litt, hielt beim Klopfen dessen Halsband in der Hand und konnte so viele Probleme auflösen. Ein junger Mann heilte seinen Liebeskummer, indem er beim Klopfen „unser Lied" anhörte. Dieses Lied brachte all das, was diese Liebe für ihn gewesen war und was er verloren hatte, viel besser zum Ausdruck, als es Worte je vermocht hätten. Speziell bei Allergien kann es sehr hilfreich sein, die Substanz, die die Reaktion auslöst, einfach nur zu halten oder an ihr zu riechen. Diese Methode ist auch bei der Bekämpfung von Sucht und Suchtdrang und ähnlichen Problemen sehr nützlich.

Wenn man sich überfordert fühlt

An manchen Punkten in unserem Leben stürmen so viele Probleme gleichzeitig auf uns ein, dass wir nicht mehr wissen, wo wir beginnen sollen. Klopfen Sie in solchen Situationen, ohne sich auf etwas Bestimmtes zu konzentrieren, höchstens mit „Ich akzeptiere mich voll und ganz“ als Eröffnungssatz; dies ermöglicht es Ihrem Unterbewusstsein, die ausgleichende Energie dorthin zu lenken, wo sie zu diesem Zeitpunkt am dringendsten gebraucht wird; in manchen Fällen kann der ursprüngliche Auslöser ebenfalls identifiziert und aufgelöst werden.

4. Erinnerungen wiederfinden

In vielen Fällen habe ich EFT eingesetzt, um „vergessene“, „fehlende“ und unterdrückte Erinnerungen wieder zu finden. Ich halte es für eine sehr sanfte und sichere Methode, diese Thematik anzugehen, da der Therapeut hier nicht Gefahr laufen kann, dass seine Vorschläge etwas suggerieren, das das „falsche Erinnerungssyndrom“ auslösen könnte. Die betreffende Person klopft einfach nur mit „..., auch wenn ich nicht weiß, was passiert ist“ / „..., auch wenn ich mich nicht an das erinnern kann, was geschehen ist“ / „..., auch wenn ich mich nicht an dieses spezielle Ereignis erinnern kann“ und hält alle Ideen, die kommen, alle Erinnerungsfetzen und sogar jede körperliche Empfindung, die die Erinnerung wieder wach rufen könnte, schriftlich fest.

Bei meiner Arbeit habe ich festgestellt, dass eine Erinnerung in sieben von zehn Fällen bereits während des ersten Klopfdurchgangs oder unmittelbar danach wieder auftaucht. In manchen Fällen zeigt sich an Stelle der Erinnerung, die man wiederzufinden versucht, eine „Vor-Erinnerung“. So sagte etwa eine Klientin: „Ich musste immer an meine Tante Annie denken, ich kann aber nicht erkennen, was sie damit zu tun hat.“ Dann klopfte sie mit „..., auch wenn ich nicht weiß, was meine Tante Annie mit diesem Problem zu tun hat“. Dies weckte in ihr die Erinnerung an einen Feiertag, an dem Tante Annie zu Besuch gewesen war und an dem das Ereignis, an das sie sich zu erinnern versuchte, stattgefunden hatte.

Ein Klient, der viele Jahre lang ohne Erfolg versucht hatte, den Grund für seine Rückenschmerzen zu finden, und der bereits viele verschiedene Therapiemöglichkeiten ausprobiert hatte, klopfte und stellte dabei die Frage nach seinen Rückenschmerzen. Er kam zu keiner Erkenntnis und berichtete lediglich von „einem eigenartigen Gefühl“ in seinem Kopf. Nachdem er mit der Aussage „dieses eigenartige Gefühl in meinem Kopf" geklopft hatte, kam ihm die Erinnerung an einen Schlag auf den Kopf, den ihm sein älterer Bruder versetzt hatte, als er noch sehr klein war: Er war dabei auf ein Spielzeug gefallen und hatte sich den Rücken verletzt. Von diesem Zeitpunkt an trat dieser Schmerz in seinem Rücken 45 Jahre lang immer dann wieder auf, wenn er sich in einer Situation befand, in der er sich von einer Autoritätsperson bedroht fühlte; nach der EFT-Sitzung verschwand dieser Schmerz und kehrte niemals zurück

Sind Sie für sich selbst daran interessiert, mit EFT Ursachen aufzudecken, so können Sie dieses Fragesystem verwenden, um sich leichter und ohne Angst an gewisse Dinge zu erinnern. Was Sie auch finden mögen, Sie können sicher sein, dass Sie das Problem auf diese Art lösen und die wiedergefundenen Erinnerungen sofort von ihren negativen Emotionen befreien können.

Teil III
EFT anwenden – von A bis Z

EFT kann in so vielen Bereichen eingesetzt werden, dass ich die Anwendungsmöglichkeiten für nahezu unbegrenzt halte. Dies ist darauf zurückzuführen, dass die Methode ihrem Wesen nach „neutral“ ist und bei jedem Problem mit emotionaler Komponente eingesetzt werden kann.

Diejenigen, die EFT gerade erst kennen lernen, zeigen sich oft erstaunt darüber, wie unglaublich einfach es ist, und haben noch keinen Überblick über seine Möglichkeiten. Etwa ganz Ähnliches geschieht, wenn uns jemand einen Pinsel in die Hand drückt: Auch er wirkt sehr unscheinbar, mit etwas Übung, Talent und Ehrgeiz lässt sich damit jedoch ein wunderbares Gemälde erschaffen. Alle Farben des Regenbogens stehen uns zur Verfügung – wir können alles damit malen – und alles, was wir dazu brauchen, ist unser bescheidener kleiner Pinsel und das Wissen darüber, wie man ihn benutzt!

Dieser Teil des Buches soll Ihnen daher die Augen für das unglaubliche Potenzial dieser einfachen und neutralen, das heißt nicht auf einen bestimmten Anwendungsbereich festgelegten Technik öffnen. Darüber hinaus soll er eine Art Lernhilfe für interessierte Leser sein; aus den Erfahrungen, die ich während meiner Arbeit mit vielen Menschen und vielen unterschiedlichen Problemen sammeln konnte, habe ich die grundlegenden Konzepte für Sie zusammengestellt. Jeder Abschnitt ist ein weiterer Schritt hin zu Kenntnis, Beherrschung und Verständnis der Technik und zu ihrer praktischen Anwendung. Aufgrund ihrer zentralen Bedeutung tauchen verschiedene Aspekte immer wieder auf und jede Fallgeschichte leistet einen wichtigen Beitrag, so dass sie diese Technik verstehen und einen Einblick erhalten, wie sie eingesetzt werden kann, um Veränderung, Heilung und Erfolg zu bringen. Meine Empfehlung ist daher, jeden Abschnitt sorgfältig zu lesen, auch wenn er auf den ersten Blick nicht von besonderem Interesse zu sein scheint.

Im Folgenden werden einige Bereiche vorgestellt, in denen Sie EFT für sich selbst, für Ihre Familie, Ihre Freunde oder für Ihre Klienten anwenden können. Die Devise ist: „Wenden Sie die Methode einfach bei allen Problemen an!“

Affirmationen

Eine Affirmation ist eine Art Absichts- oder Willenserklärung, die positiv formuliert und viele Male wiederholt wird mit dem Ziel, in unserem Unbewussten ein positives Überzeugungsmuster zu verankern. Beispiele für Affirmationen, die Sie vielleicht bereits kennen, sind: „Es geht mir jeden Tag in jeder Beziehung immer besser" und die wohl berühmteste: „Ich liebe mich!" – sie sollte jeden Morgen vor dem Badezimmerspiegel ausgesprochen werden!

Diejenigen, die mit Affirmationen vertraut sind oder bereits damit gearbeitet haben, sind möglicherweise zunächst überrascht, dass die Problem- bzw. Eröffnungsaussagen und die Erinnerungssätze, die immer wieder gesprochen werden müssen, in der Regel so negativ wie möglich formuliert werden. In diesem Zusammenhang taucht gewöhnlich die Frage auf, ob es nicht gefährlich ist, Sätze zu sagen wie etwa „Ich hasse meinen Körper" oder „Ich habe eine Todesangst vor der Dunkelheit" und „…, auch wenn ich nicht glauben kann, dass sich mein Leben zum Besseren wenden könnte" und diese während des Klopfens viele Male zu wiederholen.

Es ist daher äußerst wichtig zu verstehen, dass Problemaussage, Eröffnungsaussage und Erinnerungssatz keine Affirmationen sind. Diese Aussagen sind die Schlüssel zu Problemen, die häufig viele Jahre in den tiefsten Tiefen unseres Wesens vergraben waren. Dadurch werden Teile unserer Persönlichkeit angesprochen, die diese negativen Grundüberzeugungen tatsächlich für wahr halten und die bei positiven Affirmationen jedes Mal einfach außer Acht gelassen werden – die Aussagen von EFT sind daher so formuliert, dass sie diese Teile unserer Persönlichkeit in der ihr verständlichen Sprache ansprechen, einen Kontakt zu ihnen herstellen und schließlich die ausgleichende, heilende Wirkung der Methode zur Entfaltung bringen. Ist die

Heilung gelungen, so können auch positive Affirmationen ihre Wirkung entfalten, denn sie treffen dann nicht mehr länger auf inneren Widerstand, der sie abprallen und einen inneren Konflikt entstehen lässt.

Weitere Informationen über die Anwendung von EFT in Verbindung mit Affirmationen finden Sie unter „Persönliche Entwicklung“ und „Louise Hay“ in diesem Teil des Buches.

Allergien

Eine fast schon legendäre Zahl von Menschen hat sich selbst mit kaum mehr Aufwand als ein paar Klopfdurchgängen von Problemen wie Heuschnupfen, Nahrungsmittel- und Tierallergien oder Ähnlichem vollständig befreien können. Manche vertreten die Auffassung, dass Allergien nicht mehr und nicht weniger als eine absolute Panikreaktion des Immunsystems gegen die Anwesenheit von im Grunde harmlosen Substanzen seien.

Versuchen Sie diese Methode bei jeder Allergie, die Ihnen begegnet. Es gibt nichts zu verlieren, Sie können nur ein Leben in völliger Freiheit gewinnen. (Siehe hierzu auch Teil II.) Sie können das Problem in eine sehr einfache Aussage fassen, wie etwa „…, auch wenn ich gegen … allergisch bin“. Ist Ihnen die Ursache bekannt, so können Sie diese mit Hilfe einer der Techniken aus Teil II, die mit Erinnerungen arbeiten, auch direkt auflösen. Seien Sie sehr vorsichtig, bevor Sie sich dem Allergen wieder vollständig aussetzen; sollte noch ein Rest an allergischer Reaktion auftreten, fahren Sie mit dem Klopfen fort, bis diese vollständig verschwunden ist.

Achtung: Ist bekannt, dass mit einer extrem starken Reaktion auf das Allergen zu rechnen ist, sollten Sie sich oder Ihre Klienten dem Allergen nur in Anwesenheit eines Facharztes aussetzen!

Beruf

Vor einiger Zeit besuchte ich einen Freund, der einen Ein-Mann-Betrieb hat. Es war ein Montagmorgen und ich hatte diesen Zeitpunkt für günstig erachtet, um mit ihm einige Dinge zu besprechen. Ich musste jedoch warten, weil er verzweifelt versuchte einen Gerichtsvollzieher davon abzubringen, einen Teil seines Lagers zu beschlagnahmen. Ich war überrascht zu sehen, dass es so schlecht um ihn stand, und fühlte mich schuldig, weil ich einfach vorbei gekommen war, ohne vorher anzurufen. Der Gerichtsvollzieher verabschiedete sich irgendwann und mein Freund setzte sich, den Tränen nahe, auf eine Kiste. Er war völlig verzweifelt und schrecklich enttäuscht; er hatte fünf Jahre Herz und Seele in den Aufbau dieses Geschäftes investiert, hart gearbeitet, aber alles war schief gegangen. Während der folgenden drei Stunden (in denen kein einziger Kunde anrief oder vorbei kam, der Anrufbeantworter jedoch vier Nachrichten seiner Bank und verschiedener Lieferanten aufzeichnete) versuchte ich herauszufinden, was geschehen war und ob es noch eine Möglichkeit gab, irgendetwas vor dem Untergang zu retten.

Da mir die Einstellung „Hör genau zu, was der andere dir sagt, denn es ist der Schlüssel zu seinen Problemen“ in Fleisch und Blut übergegangen ist, hörte ich aus dem Bericht meines Freundes all die Aussagen heraus, die den Fehlschlag geradezu vorprogrammierten: „Ich kann nun mal nicht mit Zahlen umgehen, ich habe gleich gewusst, dass mir diese Buchhaltung das Genick brechen würde.“ – „Ich schätze, ich verdiene es nicht, Erfolg zu haben.“ – „Ich habe einfach kein Glück.“ – „Alles, was ich anfange, geht schief.“ – „Das war eine große Enttäuschung.“ – „Wer bin ich denn, dass ich glauben konnte, dass jemals etwas aus mir werden würde.“ – „Aus Träumen muss man irgendwann erwachen.“ – „Ich lebe in einem Luftschloss, ich sollte irgendwann auf den Boden der Tatsachen zurückkommen.“ – „Es wird niemanden überraschen, dass ich wieder einmal versagt habe." Praktisch jeder seiner Sätze hätte eine hervorragende Eröffnungsaussage abgegeben.

Ich half ihm über diesen Moment tiefster Depression hinweg und als ich mich von ihm verabschiedete, war die Situation gerettet und er saß bereits am Telefon und bat diejenigen unter seinen Kunden, denen er in der Vergangenheit einen Gefallen erwiesen hatte, um einen neuen Auftrag und um Empfehlungen. Dies zu erreichen, hatte es nicht mehr bedurft als wenige Minuten mit der folgenden Aussage zu klopfen: „..., auch wenn ich meinen Erfolg ganz allein, ohne fremde Hilfe, erreichen muss." Die Krise ist zwar noch nicht überwunden und es lässt sich noch nicht mit Sicherheit sagen, ob sein jetziges Unternehmen überleben und sich entwickeln wird, er ist jedoch wesentlich aufmerksamer und aktiver und es sieht so aus, als hätte er etwas von dem Enthusiasmus zurückgewonnen, mit dem er sein Projekt ursprünglich begonnen hatte.

Es ist sicher keine Übertreibung, wenn ich behaupte, dass beruflicher Erfolg *ausschließlich* von den Einstellungen, den Werten und Überzeugungen der jeweiligen Person abhängig ist. Alle von uns kennen die erstaunlichen Geschichte „Vom Tellerwäscher zum Millionär", die uns eindeutig beweist, dass nicht die Familie, in die wir hineingeboren werden, nicht Wohlstand und gute Ausbildung und auch nicht die richtigen Beziehungen, sondern einzig und allein *das Maß an innerer Übereinstimmung mit uns selbst*, unsere Authentizität, entscheidet, ob wir zu den Gewinnern oder den Verlierern gehören. Welchen Beruf Sie auch ausüben, in welcher Branche sie auch tätig sein mögen – achten Sie auf das, was Sie denken und sagen. Die Welt ist nun einmal so, dass wir genau das bekommen!

Die „kleinen Dinge des Alltags"

Es ist immer wieder schön mitzuerleben, welche beeindruckenden Veränderungen in Bezug auf die körperliche und seelische Gesundheit vieler Menschen möglich sind, wie Jahrzehnte alte schmerzliche Erinnerungen endlich zur Ruhe kommen und wie man diese Prozesse mit seiner therapeutischen Arbeit fördern und unterstützen kann.

Für mich persönlich ist jedoch das wirkliche Wunder von EFT das, was ich als die „kleinen Dinge des Alltags" bezeichne. Einige Menschen bedienen sich dieser Methode, um ein einziges, schwerwiegendes Problem zu lösen, und wenden diese Methode anschließend nie mehr an. Andere, und zu dieser Gruppe gehöre ich selbst, machen sich die Methode zu Eigen, wenden sie auf alles und jedes an und machen sie damit zu einem festen Bestandteil ihres Lebens.

Eine Freundin hat es so ausgedrückt: „EFT ist mein Rettungsring. Ich weiß nicht, wie ich mein Leben jemals ohne diese Methode leben konnte. Ich wende sie auf alles an, was mir begegnet und mich aufregt, mir Angst macht, mir Stress bereitet. Ich weiß nicht, wo ich mit der Aufzählung dessen beginnen soll, was ich damit erreicht habe, und wie viele Bereiche meines Lebens davon profitiert haben. Das Wichtigste daran ist jedoch zu wissen, dass es mir immer hilft, mir bei allem, was mir Stress oder Schmerzen bereitet wie ein treuer Freund zur Seite steht, auf den ich mich immer verlassen kann und bei dem ich immer Trost finde."

Ich selbst kann mich dem nur von ganzem Herzen anschließen. Im Folgenden finden Sie daher einige Beispiele aus meiner persönlichen Erfahrung mit den „kleinen Dingen des Lebens", die ich in einem Artikel für eine Fachzeitschrift für Meridiantherapie zu diesem Thema zusammengestellt habe:

Am Freitag wurden in unserem Haus endlich die neuen Terrassentüren eingebaut. Am Samstagmorgen habe ich versehentlich eine davon eingeschlagen, als mir ein schwerer Schraubenzieher aus der Hand glitt und mit der Spitze zuerst in die Tür einschlug, die in tausend Scherben zerbarst. Ich war kurz davor, mich wegen meiner eigenen Ungeschicklichkeit zu schelten; stattdessen setzte ich mich jedoch auf einen Stuhl und begann meine Punkte zu klopfen. Anschließend fegte ich einfach die Scherben zusammen und bestellte ein neues Glas für die Tür. Früher hätte mir ein derartiges Ereignis das gesamte Wochenende verdorben und hätte unter Umständen sogar dazu geführt, dass ich niedergeschlagen und unglücklich gewesen wäre. Jetzt komme ich mit einer solchen Situation klar.

Es gibt noch viele andere Dinge, die mich früher aus der Fassung gebracht haben; heute bleibe ich in diesen Situationen gelassen. Dazu gehören Situationen, in denen ich mich etwa einem arroganten Bankangestellten gegenübersehe, in einem Verkehrsstau festsitze, vor einem öffentlichen Auftritt nervös bin, Angst habe vor dem Zahnarztbesuch, die Geduld mit meinen Kindern verliere, morgens in den Spiegel schaue und mich davon überzeuge, dass ich nicht mehr attraktiv bin …; dazu gehören auch Kopfschmerzen, Sorgen und Unentschlossenheit.

Dazu gehört eine Situation, in der ich versuchte in eine enge Parklücke einzuparken, während eine Traube von Menschen an der Bushaltestelle gegenüber mich amüsiert beobachteten, wie ich immer wieder vorwärts und rückwärts rangierte und schließlich doch stecken blieb. Ich hielt kurz inne und klopfte mit: „…, auch wenn ich nicht einparken kann." Zwei Minuten später glitt mein Wagen problemlos in die Parklücke.

Und dazu gehört die Situation, in der ich meine Küche renovierte und schwere Keramikkacheln zuschnitt, wobei ich vier zerschlug, bevor es mir gelang, eine einzige ordentlich zuzuschneiden. Über die Maßen ärgerlich auf mich selbst beschloss ich eine Pause einzulegen und mit dem folgenden Satz zu klopfen: „…, auch wenn ich keine Kacheln zuschneiden kann, selbst wenn mein Leben davon abhinge." So beruhigte ich mich und konnte die Arbeit wieder aufnehmen. Zu meinem größten Erstaunen musste ich feststellen, dass das Schneidegerät dieses Mal glatt schnitt und die Kacheln saubere Kanten hatten. Die einzige Erklärung, die ich dafür habe, ist, dass ich wohl zuerst zu verbissen gearbeitet habe und mir das Schneiden der Platten deshalb nicht gelang. Nach dem Klopfen war ich entspannter und besser in der Lage, gerade und sauber zu schneiden.

Dazu gehört schließlich, dass ich es früher hasste, den Abwasch zu machen. Dennoch musste ich diese Arbeit mindestens dreimal täglich erledigen, wobei ich jedes Mal innerlich und äußerlich murrte und knurrte. Schließlich entschloss ich mich zu einem Klopfdurchgang. Es stellte sich heraus, dass ich diese Tätigkeit deshalb so hasste, weil mich meine Mutter ab meinem fünften Lebensjahr in dem Hotel, das meine Familie besaß, zum Abwasch eingeteilt hatte. Die Menge an Geschirr war natürlich unbeschreiblich und wurde im wahrsten Sinne nie weniger. Nachdem es mir gelungen war, diese ganz besondere Erinnerung zur wohl verdienten Ruhe zu betten, genieße ich jetzt sogar das Abwaschen der verhältnismäßig winzigen Geschirrmenge eines normalen

Familienhaushaltes. Ich lege mir eine schöne Musik auf und empfinde es mittlerweile sogar als entspannend. Darüber hinaus habe ich festgestellt, dass ich nun, da ich das Abwaschen nicht mehr als Zwang oder Höllenqual empfinde, auch meine Kinder hin und wieder darum bitten kann, mir diese Arbeit abzunehmen, so dass ich jetzt nur noch die Hälfte des Geschirrs abwaschen muss.

All dies sind Beispiele für die kleinen Ärgernisse des täglichen Lebens. Für sich genommen ist zwar jedes nur ein kleines Sandkorn, zusammen werden sie jedoch zu einem unüberwindlichen Berg, der unser Leben so beschwerlich und ermüdend macht. Jetzt verschwinden sie alle, eines nach dem anderen. Und auf eine gewisse, amüsante Art und Weise trägt dies viel mehr zu meinem täglichen Glück, meiner Heiterkeit und Gelassenheit bei als die großen transformierenden Veränderungen, von denen ich früher glaubte, dass sie mich glücklich machen würden.

Farbtherapie

Kurz bevor ich EFT kennen lernte, hatte ich mir ein Set für Kristall-Licht-Balance & Farbtherapie (Heilen mit Farben) gekauft. Bei diesem Verfahren benutzt man eine kleine Taschenlampe mit einer Kristallspitze und farbigen Aufsätzen und folgt damit dem Verlauf der Meridiane, um Blockaden zu lösen. Mich faszinierte daran, dass hin und wieder traumatische Erinnerungen wachgerufen wurden.

Seit ich mit EFT arbeite, habe ich diese Lampe mit guten Erfolgen bei Menschen eingesetzt, die eine Vorliebe für solche Dinge haben, und bei solchen, die aus bestimmten Gründen nicht berührt werden wollen, und außerdem bei einer Frühgeburt. Anstatt die Punkte zu klopfen, richte ich den Schein der Lampe auf die Punkte. Es stehen verschiedene Farben zur Verfügung, und außerdem ist es eine faszinierende Erfahrung, die unterschiedlichen Wirkungen der verschiedenen Farben auszuprobieren.

Zu meinem Farbtherapie-Set gehört auch ein Handbuch, in dem zum einen der Verlauf der Hauptmeridiane gezeigt wird und zum anderen ihre spirituellen und emotionalen Eigenschaften beschrieben werden. Ich halte das für sehr interessant und nehme häufig darauf Bezug.

Flugangst

Vor einiger Zeit arbeitete ich mit einer Kollegin, die unter Flugangst litt. Das hätte ich besser nicht getan. Seither bekomme ich sie nämlich kaum mehr zu Gesicht. Sie fliegt in der ganzen Welt herum, einmal ist sie hier, dann gleich wieder woanders; damit hat sie seither nicht mehr aufgehört.

Hier also einige spezielle Tipps zu Flugzeugphobien sowie Flugangst:

- Können Sie sich an das erste Mal erinnern, an dem diese Angst aufgetreten ist, so gehen Sie die Erinnerung an dieses Ereignis entweder für sich in Gedanken durch oder erzählen Sie es einem Freund. Sie werden die Aussagen und Gedanken, die Ihnen den größten Stress bereiten oder die heftigste emotionale Reaktion auslösen, sehr schnell herausfinden. Klopfen Sie damit, bis Sie über diese Ereignisse sprechen oder daran denken können und dabei ruhig und konzentriert bleiben.
- In manchen Fällen gibt es Auslöser in Ihrer Umgebung, die Sie dazu einsetzen können, Ihre Angst zu bearbeiten, bevor Sie sich in die Nähe eines Flugzeuges begeben müssen. Eine meiner Klientinnen benutzte eine Fernsehsendung über Flugzeuge und Hubschrauber und machte damit den ersten Schritt zur Auflösung ihres Problems, einem anderen Klienten wurde bereits übel, wenn er Flugzeuge am Himmel sah. Bei einem weiteren Klienten begann die Angst bereits im Reisebüro, wenn er seinen Flug buchte.
- Versichern Sie sich, dass Sie alle Ihre Ängste erfolgreich aufgelöst haben. Visualisieren Sie zu diesem Zweck eine bestimmte Flugreise in allen Einzelheiten; beginnen Sie schon beim Kofferpacken, nehmen Sie dann ein Taxi zum Flughafen, gehen Sie durch die Eingangstür und riechen Sie diesen einzigartigen

„Flughafengeruch“, sehen Sie sich selbst im Wartebereich, wie Sie ins Flugzeug einsteigen und wie Sie bei schlechtem Wetter einen turbulenten Flug erleben, bei dem sogar manche Leute aufschreien (– nur wenn Sie das möchten). Empfinden Sie an irgendeinem Punkt Stress oder Angst, so halten Sie inne und klopfen Sie für jeden „Aspekt“ Ihrer Flugangst, bis Sie sich ruhig und nicht mehr belastet fühlen.

- Sollten Sie irgendwann bemerken, dass wieder eine gewisse Nervosität aufkommt, so benutzen Sie die Wartebereiche in den Flughäfen, um unbemerkt zu klopfen; oder gehen Sie zur Toilette und klopfen Sie dort, wo Sie von niemandem gesehen werden. In der Öffentlichkeit reicht es aus, die Punkte sanft zu halten oder zu massieren und nach jedem Punkt einen tiefen Atemzug zu nehmen; niemand wird ahnen, was Sie in Wirklichkeit tun.
- Nach einer gewissen Zeit stellen die meisten von uns fest, dass sie bestimmte „Lieblingspunkte“ haben, das heißt, dass manche Punkte mehr Wirkung zeitigen als andere. Setzen Sie diese als „Kurzversion“ oder in Momenten akuter Panik ein.

EFT eignet sich ebenfalls, um Jetlag-Symptome jeder Art, Reisestress im Allgemeinen und Reisekrankheit auszuschalten. Sie werden sich dadurch ruhiger und viel weniger gestresst fühlen und die Wahrscheinlichkeit, dass Ihr Immunsystem zusammenbricht oder Magenverstimmungen, Halsschmerzen oder andere, stressbedingte Erkrankungen auftreten, was bei Urlaubs- ebenso wie bei Geschäftsreisen häufig vorkommt, wird deutlich verringert.

Frühere Leben

Die Rückführung in frühere Leben ist eine sehr verbreitete und gleichzeitig sehr wirkungsvolle Methode, um Veränderungen und Ablösungen zu ermöglichen. Ein wichtiger Grund, warum viele Menschen nicht den Mut aufbringen, diese Methode auszuprobieren, ist, dass sie sich häufig vor dem fürchten, was sie finden könnten, und dass sie nicht sicher sind, ob sie die Emotionen bewältigen können, mit denen man bei einer solchen Rückführung plötzlich konfrontiert werden kann.

EFT löst Emotionen aus vergangenen Leben ebenso wirkungsvoll auf wie Emotionen aus unserem gegenwärtigen Leben. Bei meiner Arbeit habe ich die Erfahrung gemacht, dass sich EFT zur Bewältigung traumatischer Erinnerungen aus einem früheren Leben genauso einsetzen lässt wie zur Bewältigung aktueller Erinnerungen und dass in beiden Fällen Lösungen in Form neuer Einsichten und heilsamer Veränderungen gefunden werden können.

Eine meiner Klientinnen stieß auf ein Erlebnis aus einem früheren Leben, das sie viele Jahre lang verfolgt hatte und über das sie nur unter großen Schwierigkeiten sprechen konnte. Dabei ging es darum, dass sie im Mittelalter öffentlich verbrannt worden war. Sie trug dieses Problem als Ergebnis einer Sitzung mit einem nicht ausreichend geschulten und erfahrenen Therapeuten mit sich herum, dem es nicht gelungen war, dieses frühere Leben gemeinsam mit der Klientin in einer für sie stimmigen Form aufzulösen.

Ob man an frühere Leben glaubt oder nicht, Tatsache war, dass diese Klientin die typischen Symptome einer posttraumatischen Stressstörung zeigte, nämlich Albträume, ständige gedanklich Beschäftigung mit dem Thema, häufige Kopfschmerzen, Hautausschläge und depressive Verstimmungen. Während sie über die Erinnerungen an ihr früheres Leben berichtete, brachte ihr Körper außerdem deutlich die enorme emotionale Belastung hinter ihren Worten zum Ausdruck: ihr Atem wurde flach, unregelmäßig und schnell, sie begann zu zittern und zu schwitzen und es war sehr schwierig, mit ihr zu sprechen. Wir klärten die Erinnerung und fanden alle relevanten Aspekte, indem ich sie eine Geschichte erzählen ließ; innerhalb einer Stunde lernte die Klientin sehr viel aus diesen Erinnerungen an ihr früheres Leben. Am Ende der Sitzung stellten sie keinerlei emotionale Belastung mehr für sie dar.

Geld

Während meiner Tätigkeit als Coach war ich immer wieder überrascht, wie viel Verwirrung bei fast allen Menschen im Zusammenhang mit Geld besteht. Dabei ist mir jedoch niemand begegnet, der sich darüber beschwert hätte, dass er zu viel Geld hätte und nicht wüsste, wie er es ausgeben sollte. Ich hielt es daher für sinnvoll, im Rahmen von EFT Strategien zu entwickeln, mit deren Hilfe sich Geldprobleme lösen lassen.

Geld ist ganz offensichtlich ein Thema, das wir sehr verkrampft angehen und das viele Schattierungen aufweist. Ich halte es daher für eine gute Idee, dem Thema auf den Grund zu gehen, wobei es sehr hilfreich sein kann, es in der gleichen Weise anzugehen wie eine Spinnenphobie, vor allem dann, wenn Geld ein ernstes Probleme darstellt.

Nehmen Sie eine möglichst große Banknote und legen Sie sie einfach vor sich auf den Tisch. Was fällt Ihnen spontan ein? Welche Gefühle bewegen Sie, wenn Sie das Geld anschauen? Diese Vorgehensweise habe ich mit vielen Menschen ausprobiert, und es war immer wieder interessant zu beobachten, welche Bandbreite an negativen Reaktionen ich zu hören bekam. Konfrontierte ich einen Erwachsenen mit einer Banknote, so erlebte ich das ganze Spektrum an deprimierenden, unglücklichen und sehr negativen Reaktionen, von „Ich glaube nicht, dass das mein Geld ist“ über „Ich verdiene es nicht, Geld zu haben“ bis zu „Es hat ja doch keinen Sinn, sich näher damit zu beschäftigen, es wird mir ja doch gleich wieder genommen.“

Das wurde noch deutlicher, wenn ich die Banknote nahm, sie der jeweiligen Person hinhielt und sagte: „Hier, … (Name der Person), das ist für dich.“ Kein einziger meiner Klienten konnte die Banknote annehmen, ohne sich dabei aus vielerlei äußerst komplizierten Gründen schlecht zu fühlen.

Die von mir entwickelte Technik besteht darin, immer wieder zu klopfen und dazwischen immer wieder die Banknote hervorzuholen, bis keine negative Reaktion mehr auftritt und der Betreffende sie freudig, bereitwillig und in manchen Fällen sogar mit einem Lächeln entgegennehmen kann. Ist dies auch für Sie ein Thema und haben Sie daher die Absicht, für sich selbst oder mit Freunden am Thema Geld zu arbeiten, so empfehle ich Ihnen die folgende Vorgehensweise, bei der der jeweilige Auslöser (wie es bei einer Spinnenphobie die Spinne ist) benutzt wird, um den auf Sie zutreffenden Aspekt des Problems aufzudecken. Nehmen Sie also beispielsweise:

- einzelne Banknoten unterschiedlicher Betragshöhe.
- einen Stapel Banknoten (darin verbirgt sich eine ganze Reihe interessanter Aspekte!)
- eine einzelne, große Münze (weckt Kindheitserinnerungen).
- einen Stapel Münzen (weckt Kindheitserinnerungen im Zusammenhang mit Sparen).

Im nächsten Schritt können zur Klärung weiterer Aspekte die folgenden Auslöser benutzt werden (Reihenfolge in jedem Fall: Auslöser, Test, Klopfen, Auslöser, Test):

- Bankauszüge (Auflistung des Ausgabe- und Sparverhaltens);
- Gehaltsabrechnungen (unabhängig von karrierebezogenen Aspekten bringen diese Dokumente Themen aus der Kindheit an die Oberfläche, die mit der Ursprungsfamilie bzw. dem Vater zu tun haben);
- Kreditkarten (ein ganz spezielles Thema – hier sollte über die negativen Emotionen gesprochen werden, die bei diesem Stichwort nach oben kommen);
- Kreditkartenabrechnungen (hier spielen wiederum andere Aspekte eine Rolle als bei der Plastikkarte);

- Auszüge über Bausparguthaben, Aktien oder andere Papiere, die Symbole für Geld sind und im Leben der betreffenden Person eine große Rolle spielen;
- Rechnungen (und hier ganz besonders die, die zu bezahlen sind).

Finanzielle Grenzen lassen sich hervorragend ausloten, indem man sich gemeinsam mit einem Freund gegenseitig Schecks ausstellt, deren Beträge jedes Mal höher sind und die man sich dann gegenseitig überreicht. Dieses Vorgehen bringt nicht nur den Schmerz zum Vorschein, den das Akzeptieren großer Geldsummen auslöst, sondern auch die andere Seite, nämlich den Schmerz beim Loslassen von Geld. „Chronische Verstopfung" im Zusammenhang mit Geld ist ebenso gesundheitsschädlich für das persönliche Finanzsystem wie „Durchfall" (in diesem Fall verdienen wir zwar nichts, geben jedoch dessen ungeachtet immer weiter Geld aus), „Anorexie" (bei der weder etwas verdient, noch etwas ausgegeben wird; es kommt also nichts herein und es geht nichts hinaus) und „Bulimie" (bei der genauso viel ausgegeben wie verdient wird, sodass am Ende des Tages kein erkennbarer Gewinn bleibt).

Schließlich (und dies halte ich für besonders interessant) gibt es noch das so genannte „potenzielle Geld" wie zum Beispiel Lottoscheine, Rubbellose und Preisausschreiben. Hier kommen Themen ins Spiel, die mit Glück, Selbstwert oder häufig – und dies ist der interessanteste Aspekt von allen – mit dem Glauben zu tun haben, dass dies die einzige Hoffnung ist, jemals wirklich reich zu werden. (Anmerkung: Beseitigt man negative Gefühle im Zusammenhang mit Losen oder Lotteriescheinen, so verwandelt sich der Betroffene dadurch nicht in einen chronischen Spieler. Diese Methode kann vielmehr dazu beitragen, bei chronischen Spielern die Emotion vom Auslöser, also dem

Lotterieschein oder auch Gewinnshows im Fernsehen, Pferderennen und anderem, abzukoppeln.)

Sollte dieses Kapitel bei Ihnen, liebe Leser, den Eindruck erweckt haben, dass hier eine ganze Menge „Klopfarbeit" auf Sie zukommt, so lassen Sie sich bitte nicht abschrecken. Dieser Eindruck täuscht, da hier eine ganze Liste von Auslösern im Zusammenhang mit Geld zusammengestellt wurde, nicht jeder, für den Geld ein Thema ist, ist jedoch von allen Aspekten betroffen. Im Grunde genommen führen uns einige wenige Auslöser zu der treibenden Kraft, die den Geldproblemen zugrunde liegen. Wurden diese ausgeschaltet, so müssen nicht auch noch alle anderen bearbeitet werden. Hier sind jedoch alle erwähnt, damit jeder Interessierte sich etwa eine Woche lang damit beschäftigen und seine persönlichen Auslöser herausfinden kann. Ich verspreche Ihnen, dass Sie damit Ihre Beziehung zu Geld deutlich verbessern können.

Haustiere

Im Abschnitt über Kinder wird die Möglichkeit erwähnt, dass ein Vertreter (eine „Surrogatperson") das Klopfen für eine andere Person übernehmen kann. (Siehe auch unter „Stellvertreterklopfen" in den Begriffserläuterungen im Anhang.) Da ich selbst viele Haustiere habe, wurde ich darauf aufmerksam, dass manche Leute EFT auch bei ihren Tieren einsetzten und damit für das Tier in vielen Bereichen Verbesserungen erreichen konnten, wie etwa beim Verhalten, bei der Gesundheit, der Ausbildung und bei vielen Problemen, die mit der Beziehung zwischen Mensch und Tier zusammenhängen. Tiere kennen keinen Placeboeffekt und aus diesem Grund hat mich die Wirkung von EFT auf Tiere ganz besonders fasziniert; klopft nämlich der Besitzer an sich selbst und das Tier im anderen Zimmer verändert plötzlich sein Verhalten oder hört auf zu winseln, so zeigt dies deutlich, dass hier eine sehr kraftvolle energetische Veränderung stattfindet.

Im Folgenden finden Sie ein Beispiel von vielen aus der Arbeit mit Tieren. Auch für diejenigen von Ihnen, die selbst kein Tier haben, ist dieses Kapitel interessant, da all diese Techniken auch bei uns Menschen wirken.

Bobby und der Heißluftballon (von Marilyn Pawson)

„Ich habe einen sieben Jahre alten Pudelmischling namens Bobby. Er ist sehr robust und gehorcht gut. Vor zwei Tagen sahen wir auf einem Spaziergang, wie ein Heißluftballon immer mehr an Höhe verlor und schließlich praktisch auf unseren Köpfen landete. Bobby geriet in Panik, ich hatte ihn noch nie in einem derartigen Zustand gesehen. Er drehte sich um und lief, ohne sich noch weiter um mich zu kümmern, nur noch davon. Ich versuchte, ihm nachzulaufen, verlor ihn aber nach ein paar Meilen aus den Augen. Das Letzte, was ich von ihm sah, war, wie er in völliger Panik über ein Feld rannte und verschwand.

Mein Mann und ich suchten ihn überall, da wir ihn jedoch nicht fanden, gingen wir schließlich nach Hause. Nach etwa fünf Stunden war Bobby wieder da, er war in einer entsetzlichen Verfassung. Er zitterte, seine Pupillen waren geweitet, er zuckte und hechelte. Ich gab ihm etwas Arnika und Rescue-Tropfen aus Bach-Blütenessenzen und setzte mich zu ihm neben seinen Schlafkorb; er beachtete mich überhaupt nicht, er lag einfach nur in seinem Korb wie im Koma. Irgendwann gingen wir zu Bett in der Hoffnung, dass er sich während der Nacht erholen würde.

Am nächsten Morgen war sein Zustand jedoch unverändert und ich begann mir ernste Sorgen zu machen. Also setzte ich mich zu ihm und begann zu klopfen mit der Aussage: ‚Ich liebe und akzeptiere Bobby von ganzem Herzen, auch wenn der Heißluftballon ihn in schreckliche Angst versetzt hat.' Nach etwa der Hälfte des Durchgangs fühlte ich, wie mir ein Schauer über den Rücken lief. Genau im selben Moment stand Bobby auf, streckte sich, gähnte, kam zu mir und leckte mir die Hand. Er war wieder da! Ich ging mit ihm in den Garten, wo er sich sichtlich wohl fühlte – kein Zittern, kein Blick nach oben zum Himmel. An diesem Morgen vergrub er sogar einen Knochen, was er lange nicht mehr getan hatte. Für mich war dies eine erstaunliche Erfahrung. Ich weiß nicht, was ich ohne die Möglichkeit zu klopfen getan hätte."

Eine Gruppe von Tierhaltern, die bei ihren Tieren Meridiantherapien einsetzen, indem sie entweder am Tier selbst oder mit einem Stellvertreter klopfen, engagiert sich darüber hinaus in der Forschung und versucht, damit Grundlagen für leicht anwendbare Verfahren zu schaffen, die jeder Tierbesitzer erlernen und anwenden kann. Weitere Informationen finden Sie im Internet unter folgender Adresse: *www.animalEFT.org*

Hypnose

Hypnosetherapeuten, die EFT einsetzen, während sich ihre Klienten in Trance befinden, haben damit ein hervorragendes Instrument an der Hand, um bei tiefen Blockaden und Problemen Veränderungen zu bewirken.

Bereits die Anwendung von EFT für sich allein, ohne weitere, tiefer gehende Therapieverfahren, führt den Klienten in einen leichten Trancezustand hinein, besonders dann, wenn der Therapeut das Klopfen der Punkte übernimmt; diese Technik wirkt folglich in zweierlei Hinsicht: einmal zur Herbeiführung einer leichten Trance und gleichzeitig als Behandlungsverfahren. Im Verlauf einer Hypnosesitzung kann sie außerdem an jedem beliebigen Punkt eingesetzt werden, um aufsteigende Emotionen abzufangen und zu dämpfen oder gelegentlich auftretende Blockaden auf sanfte Weise zu lösen; sie lässt sich auch in jedem Stadium der Trance-Einleitung als vertiefende Technik einsetzen.

Diejenigen von uns, denen die Hypnose nicht zu helfen scheint oder für die es schwierig oder sogar unmöglich ist zu entspannen, können EFT dazu einsetzen, einschränkende Ängste und Überzeugungsmuster zu überwinden, indem sie mit einer Aussage wie den folgenden klopfen: „…, auch wenn ich Angst davor habe, die Kontrolle zu verlieren.“ Oder: „…, auch wenn ich nicht sicher bin, ob ich in der Lage sein werde, Suggestionen zu widerstehen, die sich gegen meine persönlichen Wertvorstellungen richten.“ Das Auflösen derartiger Blockaden öffnet für jeden von uns den Zugang zu hilfreichen Hypnosetherapien, zu schmerzfreien Zahnbehandlungen, zu Geburten und chirurgischen Eingriffen ohne Anästhetika oder auch zu Autosuggestion, autogenem Training, Selbsthypnose und Tiefenentspannung.

Intuition

Die Idee, EFT zu nutzen, um unsere außer- und übersinnlichen Wahrnehmungskanäle zu öffnen und zu entwickeln, kam mir bei einem Einführungsabend, an dem eine der Teilnehmerinnen beschloss, ihren „siebten Sinn“ zu erwecken. Sie teilte die Wohnung mit einer erfolgreichen Rutengängerin; hellsichtige Personen und Kartenleger hatten ihr schon viele Male bestätigt, dass sie selbst auch über solche Fähigkeiten verfüge, bisher hatte sie jedoch trotz intensiver Bemühungen und Meditation noch keinen Zugang dazu gefunden.

Sie klopfte mit der Aussage „…, auch wenn ich nicht weiß, wie ich meinen siebten Sinn einsetzen soll“ und berichtete anschließend, dass sie die ganze Zeit über an Vögel hatte denken müssen – an große, schwarze Vögel. Wir verließen uns darauf, dass ihr Unbewusstes damit den Grund geliefert hatte, auch wenn wir die Bedeutung des Zeichens nicht verstanden, und sie klopfte mit „…, auch wenn ich dieses Problem mit den Vögeln habe“. Nach der Hälfte des Durchgangs begann sie zu gähnen, was immer ein Zeichen dafür ist, dass eine Veränderung im Gange ist, und berichtete dann, dass sie als Kind viele Jahre unter einem Albtraum gelitten hatte, in dem sie von Vögeln angegriffen wurde, die ihr die Augen auspicken wollten; dieser Traum hatte mit Beginn der Pubertät aufgehört und sie hatte ihn vergessen.

Wir wissen bis heute nicht mit absoluter Sicherheit, worum es bei diesem Traum ging; sie berichtete jedoch in der Folgezeit von einem enormen Intuitionsschub, der es ihr ermöglichte, mit Hilfe einer Kristallkugel Ereignisse vorherzusagen; ihre Fähigkeit zum Rutengehen entwickelte sich ebenfalls ständig weiter.

Viele meiner Freunde und Klienten haben mit Hilfe von EFT die unterschiedlichsten Fähigkeiten weiterentwickeln können.

Dazu zählen zum Beispiel heilende Kräfte, außersinnliche Wahrnehmung, Kartenlesen und bessere Verbindung zu ihrem spirituellen Führer. Dieses Streben nach außersinnlicher Wahrnehmung lässt sich sehr gut dadurch unterstützen, dass wir damit in Zusammenhang stehende traumatische Erinnerungen auflösen. (Einer meiner Klienten „sah" zum Beispiel als Kind seine verstorbene Großmutter und erzählte dies seinem Vater, der ihn deswegen schlug und ihn anschrie: „Wenn du mit diesem Teufelszeug nicht sofort aufhörst, wirst du noch verrückt, genau wie dein Onkel Peter!")

Auch jede Form „religiöser" Erziehung oder Ausbildung kann zu schwerwiegenden Blockaden führen, die uns im späteren Leben daran hindern, Zugang zu den eigenen intuitiven Fähigkeiten zu finden; gelingt es, sich von Ängsten und Traumata zu befreien, die diesen Bereich betreffen, so steht einer sanften und steten Entwicklung dieser Begabungen nichts mehr im Wege.

Kinder

Eines Morgens stellte ich fest, dass mein Sohn im Teenager-Alter seine Musik, die mir sehr auf die Nerven geht, noch nicht laut hörte. Ich war beunruhigt und klopfte an seine Zimmertür; eine schwache Stimme bat mich einzutreten. Er lag im Bett und sah sehr krank aus; sein Gesicht war heiß und stark gerötet. Ich setzte mich auf die Bettkante und fragte ihn, wie es ihm gehe; dabei massierte ich abwechselnd sanft die Punkte an Kopf und Fingern. Er wusste, was ich damit beabsichtigte, und war glücklicherweise zu schwach, um zu protestieren. Innerhalb weniger Minuten war seine Gesichtsfarbe wieder normal, die Temperatur war gesunken und er konnte aufstehen.

Mit diesem Beispiel soll deutlich gemacht werden, dass es Tausende von Möglichkeiten gibt, wie sich EFT bei den eigenen Kindern einsetzen lässt.

- Letzte Woche kam mein neunjähriger Sohn nach Hause und war völlig aufgebracht, weil er von einer Gruppe von Kindern provoziert worden war. Er gab sich wirklich alle Mühe, nicht zu weinen, aber er fühlte sich zutiefst verletzt. Ich ließ ihn sich setzen und klopfte ihm die Punkte und innerhalb weniger Minuten hatte er sich so weit beruhigt, dass er mit mir darüber sprechen konnte, warum solche Dinge passieren und wie man sie vermeiden kann. Eine halbe Stunde später ging es ihm wieder gut.
- Dasselbe Kind litt immer schrecklich unter Reisekrankheit. Ich setzte mich mit ihm im Auto auf den Rücksitz und wandte EFT an, während ein anderer fuhr. Nach weniger als 15 Minuten hatten wir das Problem gelöst.
- Mein älterer Sohn hatte eine Phobie im Zusammenhang mit toten Lebewesen. Ich habe keine Ahnung, wo die Ursache dafür war, ich weiß nur, dass es begann, als er etwa acht oder

neun Jahre alt war und dass er sehr heftig reagierte. Er konnte niemals Gruselfilme anschauen, denn darin hätten Vampire oder Zombies vorkommen können, ... und wehe, wenn die Katzen einen toten Vogel oder eine tote Maus ins Haus brachten! Eines Tages starb unsere älteste Hündin im Schlaf und dies war Anlass für meinen Sohn, mit Hilfe von EFT seine Angst aufzulösen. Danach konnte er sich neben den toten Hund setzen, ihn streicheln und sich von ihm verabschieden. Am darauf folgenden Tag suchte er selbst eine große Spinne, um auch diese Angst aufzulösen.

Diese Beispiele stammen aus meiner Familie; alle meine Freunde und Kollegen haben EFT bei ihren Kindern angewendet und dabei erstaunliche Erfolge erzielt.

Einer meiner Kollegen sagte einmal in einem Interview, dass es für ihn *eine der intensivsten Erfahrungen sei, den eigenen Kindern zu helfen, wenn sie Schmerzen hätten oder krank oder sehr aufgeregt seien.*

EFT ist keine Form der Gesprächstherapie und lässt sich daher auch problemlos bei sehr kleinen Kindern anwenden, die noch nicht oder nur sehr wenig sprechen können.

Eine weitere, sehr interessante Variante bietet in diesem Zusammenhang die Möglichkeit, die Mutter bei sich selbst für das Problem des Kindes klopfen zu lassen; dies wird als Surrogat- oder „Stellvertreterklopfen“ bezeichnet. (Siehe hierzu die „Begriffserläuterungen“ im Anhang) Anstatt die Punkte beim Kind zu klopfen, klopft die Mutter bei sich und spricht dabei etwa folgenden Satz: „Ich bin mein Kind. Ich habe schreckliche Angst vor Hunden und ich akzeptiere und liebe mich von ganzem Herzen.“ Auf diese Weise wurde bereits eine ganze Reihe von Problemen erfolgreich aufgelöst. Nick Westwood, einer meiner Kollegen, bemerkte dazu sehr treffend: „Ich finde dieses Stellvertreterklopfen äußerst faszinierend. Setzt man es bei Müttern oder Vätern und ihren Kindern ein, so hat es einen doppelten Effekt: Zum einen bewirkt es häufig einen Heilungsschub bei den Kindern, zum anderen entspannt es auch den jeweiligen Elternteil. Dieser kann anschließend besser mit den Problemen umgehen, die aufgrund von Krankheiten oder Verhaltensstörungen seines Kindes auf ihn zukommen. Eine meiner Klientinnen empfand es als außerordentlich wohltuend, sich zu ihrem zu früh geborenen Kind zu setzen, das sie ja noch nicht berühren konnte, und bei sich selbst zu klopfen. Sie war davon überzeugt, dass es dem Kind helfen würde, es schneller zu schaffen. Gleichzeitig half es auch ihr, denn sie bewahrte sich dadurch selbst vor Angst und blinder Panik. EFT ist ein wunderbares Geschenk für alle Eltern."

Wenn Kinder das dritte Lebensjahr erreicht haben, lernen sie sehr leicht, für sich selbst zu klopfen. Ein kleines Mädchen, das sehr scheu und in sich gekehrt war, sagte einmal: „Wenn ich meine Heilungsknöpfe klopfe, fühlt sich mein Bauch sofort besser an." Auch der kleine Junge, der in ständiger Angst davor lebte, in der Schule gehänselt zu werden, empfand das Klopfen als sehr hilfreich, für ihn sei das, als hätte er einen Schutzengel bei sich. Interessanterweise ließen ihn seine Verfolger in Ruhe, als sie merkten, dass er keine Angst mehr hatte, und suchten sich ein anderes Opfer. Ich selbst verfüge über die persönlichen Berichte von Eltern, die diese Methode an ihren Kindern zu folgenden Themen angewandt haben: Bettnässen, Daumenlutschen, Ablehnung eines Stiefelternteils, Angst vor der Dunkelheit, geringes Selbstwertgefühl, Lernprobleme, Rivalität und Eifersucht unter Geschwistern, Nasenbluten und sogar bei ständiger Weigerung, das Zimmer aufzuräumen.

Unter der Internetadresse *www.emofree.com* finden interessierte Leser noch eine Reihe weiterer Berichte und Ideen, wie EFT bei Kindern angewandt werden kann.

Eine letzte Bemerkung zu diesem Thema. Eltern sollten mit dem folgenden Satz klopfen: „Auch wenn … (Name des Kindes) dieses Problem hat, akzeptiere ich ihn/sie doch von ganzem Herzen und liebe ihn/sie bedingungslos." Dieser Satz wirkt Wunder!

Klopfen über längere Zeit

Meine Freunde, meine Familie, meine Klienten und ich selbst, wir klopfen nun bereits seit mehreren Jahren. Durch unsere Erfahrungen haben wir viele Einsichten gewonnen, die Sie als Einsteiger noch nicht haben können und die ich deshalb im Folgenden mit Ihnen teilen möchte.

Beachten Sie, wenn Sie für sich selbst an Ihren Themen zu arbeiten beginnen, vor allem dies: dass Sie ein gewisses Maß an Disziplin aufbringen müssen

Grundsätzlich sitzen die meisten von uns auf einem ganzen Berg von Themen und Problemen, negativen Einstellungen und Erinnerungen und den Verletzungen, Wunden, Schmerzen und Zurückweisungen eines ganzen Lebens – ob dieses nun bisher 5 oder 85 Jahre gedauert hat. Die meisten dieser vielen kleineren und größeren Probleme sind in unserem Unbewussten oder „Halb-Bewussten“ gespeichert und sobald Sie mit dem Klopfen beginnen, hebt jedes von ihnen die Hand und bittet um die ihm gebührende Aufmerksamkeit des nächsten Klopfdurchgangs.

Eine meiner Klientinnen berichtete, dass sie einen Tag nach einer telefonischen Beratung die grafische Darstellung der Klopfpunkte erhalten und sofort mit dem Klopfen begonnen habe, ohne weitere Anweisungen abzuwarten. Sie klopfte einen ganzen Vormittag lang, ging von einem Thema zum nächsten und war irgendwann von der Großartigkeit des Verfahrens überwältigt; schließlich fühlte sie sich sehr seltsam und verschlief den Rest des Tages und den größten Teil der Nacht. Jeder, der EFT regelmäßig einsetzt, kann sicher eine ähnliche Geschichte erzählen.

Man beginnt mit einem alten Thema und während man dafür klopft, kommt einem ein anderes Thema in den Sinn. Dieses führt einen wiederum zum nächsten und so geht es weiter.

Dadurch wird man leicht in Versuchung geführt, immer weiter zu gehen und herauszufinden, wie und warum unsere Probleme miteinander in Verbindung stehen und eines das nächste erschafft. Auf diese Art lösen wir jedoch nicht sehr viel auf – wir nehmen den einzelnen Themen nur die Spitze.

Dies lässt sich anhand des folgenden Beispiels verdeutlichen: Wenn Sie Zahnschmerzen, Kopfschmerzen und Bauchschmerzen haben, die gleich stark sind, so beginnen Sie vielleicht damit, für die Zahnschmerzen zu klopfen. Sobald dieser Schmerz auch nur ein wenig nachlässt, tritt er natürlich in den Hintergrund und die beiden anderen Schmerzen werden für Sie dringender und wichtiger. Wenn Sie an diesem Punkt Ihre Aufmerksamkeit auf diese beiden Schmerzen richten und für beide abwechselnd klopfen, so haben Sie am Ende immer noch drei Arten von Schmerzen, von denen keiner vollständig beseitigt, sondern nur erträglicher wurde.

Ich rate Ihnen daher in einer solchen Situation zu folgender Vorgehensweise: Haben Sie sich entschlossen, für ein bestimmtes Thema zu klopfen, so schreiben Sie es auf einen Zettel oder in ein Notizbuch. Egal was auch in dieser Sitzung geschieht: Bleiben Sie so lange bei diesem einen Thema, bis es vollständig aufgelöst wurde. Teilen Sie all den anderen Gedanken, die sich Ihnen aufdrängen wollen, etwa Folgendes mit: „Ich verstehe ja, dass ihr Schlange steht, um auch geheilt zu werden, und dass ihr es kaum abwarten könnt, bis ihr Linderung für eure emotionale Intensität erfahrt. Lasst mich aber bitte zuerst dieses hier zu Ende bringen; jeder von euch möchte ja ebenfalls meine uneingeschränkte Aufmerksamkeit, wenn ich mich ihm zuwende."

Nach jedem Durchgang können Sie sich eine Notiz zu den anderen Themen machen, die auftauchen; damit stellen Sie sicher, dass Sie sich später damit beschäftigen können. Sie werden langfristig viel Zeit sparen, wenn Sie so vorgehen.

Nach drei Jahren mit EFT haben wir festgestellt, dass wir grundsätzlich mutiger geworden sind. Ich glaube, dies haben wir dem Wissen zu verdanken, dass wir immer klopfen können, wenn wir das Bedürfnis danach haben, und diese Gewissheit erlaubt es uns, mehr anzupacken, mehr zu riskieren, uns größeren Herausforderungen zu stellen als zuvor. Ich glaube, dass ich auch für meine Kollegen sprechen kann, wenn ich sage, dass auch wir in kritischen Momenten noch immer auf diese Technik zurückgreifen, denn auch wir erleben Krisen, wir schweben noch nicht im Zustand der Erleuchtung durch den Tag; auch für uns ist diese Technik ein fester Bestandteil unseres Lebens.

Für mich ist dies schließlich der stichhaltige Beweis dafür, dass EFT funktioniert. In den vergangenen 25 Jahren habe ich sehr viele Techniken und sehr viele unterschiedliche Heilmethoden kennen gelernt. In einem Notfall, gleich unter welchen Bedingungen, greife ich jedoch immer zu EFT; es ist für mich die erste Wahl.

Konflikte

Eine weitere, sehr interessante Anwendungsmöglichkeit liegt im Umgang mit den Konflikten, die sich zwischen zwei oder mehr Themen ergeben können. Häufig lässt sich das Problem nicht eindeutig festlegen, es besteht vielmehr aus dem Konflikt oder der Spannung, die sich oft zwangsläufig zwischen dem „Einerseits" und dem „Andererseits" ergibt. Einer meiner Klienten war sehr ärgerlich auf seine Mutter. Wir arbeiteten an diesem Ärger, ohne dass er einen erkennbaren Nutzen in der Form von Entspannung oder größerer Entschlossenheit hinsichtlich der verschiedenen Themen und Probleme davon gehabt hätte. In dieser Situation kam ich darauf, ihn für beide Seiten des Themas klopfen zu lassen, nämlich für „Ich hasse meine Mutter" und für „Ich liebe meine Mutter." Die Wirkung war überdeutlich erkennbar: Nachdem der Konflikt gelöst war, entspannte sich mein Klient vollkommen und stieß einen tiefen Seufzer der Erleichterung aus, der in ein langes, herzhaftes Gähnen überging. Er teilte mir mit, dass er von einem Gefühl des Friedens erfüllt sei, wie er es seit vielen Jahren nicht mehr empfunden habe.

Daraufhin habe ich es mir zur Gewohnheit gemacht, immer dann, wenn ich den Eindruck habe, dass ein derartiger Konflikt eine Rolle spielen könnte (wie etwa bei Depressionen oder dem Gefühl, festzustecken und nicht mehr weiter zu kommen – also bei Verhaltensweisen, die sich zwischen zwei Extremen hin- und herbewegen oder sich ständig im Kreis drehen, ganz besonders aber bei Suchtproblemen), „beide Seiten der Medaille" zu bearbeiten.

In diese Kategorie gehört auch das Thema Abnehmen, denn in diesem Zusammenhang ist Nahrung unser bester Freund und gleichzeitig unser größter Feind. Diesen Konflikt zu lösen kann uns ein großes Stück voran- und einer echten Lösung für viele Probleme näher bringen.

Kreativität

Kleine Kinder sind in ihrem Denken äußerst kreativ. Ich bin davon überzeugt, dass wir alle in höchstem Maße kreativ geboren werden. Leider wird einigen von uns diese Kreativität in der Schule, durch das Leben überhaupt oder durch irgendwelche unglücklichen Umstände abgewöhnt. Einige von uns haben es sich zum Ziel gesetzt, ihr Bemühen um Kreativität mit Hilfe von EFT zu fördern; in diesem Zusammenhang sind folgende Beispiele interessant: Ein junger Mann, der Schriftsteller war und an einer Schreibblockade litt, konnte diese in einer einzigen Sitzung auflösen. Ein Bildhauer wurde nach einer Sitzung, bei der er seine Probleme im künstlerischen Bereich lösen konnte, von einer solche Welle von Ideen überflutet, dass er einen ganzen Tag, eine Nacht und einen Teil des nächsten Tages nicht zu Bett ging, sondern alle Ideen wie im Fieber niederschrieb für den Fall, dass seine Blockade zurückkäme. Viele andere haben den Zugang zu ihrer Kreativität durch glückliche Zufälle gefunden.

Lianne, eine Frau mittleren Alters, kam wegen ihrer Angst, in der Öffentlichkeit zu sprechen, zu mir. Sie war in ihrer Firma kürzlich befördert worden und musste nun Präsentationen für Gruppen durchführen und das Training von Mitarbeitern begleiten, hatte jedoch allein bei dem Gedanken daran entsetzliche Angst. Wie so oft hatte diese Angst ihren Ursprung in einem Erlebnis in der Schule, wo sie von einem Lehrer vor der ganzen Klasse lächerlich gemacht worden war. Nach der Sitzung wurde ihr öffentlicher Auftritt zu einem großen Erfolg, es stellte sich jedoch noch ein unvorhersehbarer Nebeneffekt ein: Das Schlüsselerlebnis aus der Kindheit hatte nämlich eine weitere, meiner Meinung nach weit schrecklichere Auswirkung. Es ging damals nämlich um ein Kunstobjekt, das angeblich „nicht gut genug war“. *Vor* diesem Ereignis war Lianne sehr gern und in jeder Form künstlerisch tätig gewesen und hatte sogar davon geträumt, später einmal eine Kunstakademie zu besuchen. Nach dem Vorfall hatte sie alle Malutensilien, all ihre Pinsel weggeräumt und niemals wieder einen solchen Gegenstand berührt. Sie erzählte mir davon, weil sie sich etwa eine Woche nach der Sitzung selbst dabei überrascht hatte, wie sie in Gedanken versunken auf ihren Notizblock malte – etwas, das sie 30 Jahre lang nicht mehr getan hatte.

In jedem Bereich – sei es Management, Wissenschaft, Buchhaltung oder Kunst und Literatur – hat Kreativität einen weiteren Aspekt: Gehören wir zum Durchschnitt, so erhalten wir Anerkennung dafür, dass wir die Dinge „ordnungsgemäß", also gemäß anerkannten Standards oder Regeln, erledigen. Für diejenigen aber, die an die Spitze wollen und die eine Führungsrolle anstreben, wird Kreativität plötzlich zu einem absoluten „Muss". Ohne Kreativität sind wir dazu verurteilt, die Ideen anderer, kreativerer Zeitgenossen wiederzugeben.

James befand sich in genau dieser Situation. Er hatte sein Leben lang gearbeitet, die notwendigen Aus- und Fortbildungen gemacht und sich so bis fast ganz nach oben gearbeitet; nun stand er vor dem Sprung in die Führungsposition. Um seinen Anspruch auf diese Position zu rechtfertigen, bedurfte es jedoch neuer Ideen und kreativer Vorschläge, also vollständig anderer Fähigkeiten als derjenigen, die er während der vergangenen 25 Jahre seines stetigen Aufstiegs gebraucht hatte und die ihn an den Punkt gebracht hatten, an dem er jetzt war. Er war mittlerweile bereits zweimal bei der Beförderung übergangen worden und befürchtete nun, dass er einer unter vielen bleiben würde, weil ihm genau das fehlte, was den Unterschied ausmachte. Ich arbeitete geraume Zeit mit ihm an verschiedenen Themen, vor allem mit dem Ziel, ihn davon abzubringen, sich weiterhin von seinen Gefühlen, seiner Intuition und seiner Kreativität abzukoppeln, wie er es sein Leben lang getan hatte. Und nun beginnt er allmählich neue Möglichkeiten für sein Leben zu entdecken.

Kreativität ist keine Sache, die Künstlern vorbehalten bleiben sollte. *Kreativität ist etwas, das es uns ermöglicht, außergewöhnliche Lösungen für alltägliche Probleme zu finden* und Beziehungen nicht in Langeweile abgleiten zu lassen, sondern sie mit Geist und Witz zu be-leben, kurz: Kreativität kann den Weg, den wir gewählt haben, entscheidend verändern.

Leistung

In unserer westlichen Gesellschaft gilt der Grundsatz, dass Spitzenleistungen – egal ob in der Schule, bei der Arbeit oder im Sport – nur durch harte Arbeit, Drill und viel Übung zu erreichen sind.

Auch ich glaubte daran – bis ich eine Reihe interessanter Erfahrungen mit EFT machte. Als Erstes hatte ich einen Klienten, der um Unterstützung mittels Hypnose beim Erlernen einer Schnelllesetechnik nachfragte. Ich fragte ihn, wozu er diese Technik brauche, und erfuhr, dass er gezwungen war, sich beruflich weiterzubilden, um seinen Job nicht zu verlieren. Das Lernen fiel ihm schwer und er konnte sich den mühsam Abend für Abend durchgearbeiteten Stoff nicht merken. Ich setzte EFT ein, um zunächst einige einschränkende Überzeugungen aufzulösen wie etwa „Ich bin nicht schlau genug", „Lesen ist schwierig", „Ich kann mir nichts merken" … und reichte ihm anschließend einen richtig dicken Wälzer mit dem Titel „Der Geist der Mathematik" mit der Bitte, unsere Arbeit zu überprüfen. Er schlug das Buch ohne Zögern auf und begann zu lesen. Dann hielt er inne, schaute mich überrascht an, dann wieder das Buch und sagte: „Das ist unglaublich. Ist es wirklich so einfach? Was ich lese, ergibt tatsächlich einen Sinn. Ich habe fast das Gefühl, die Sprache in den Büchern hätte sich irgendwie verändert.

Derartige Bemerkungen bekam ich mittlerweile bei vielen unterschiedlichen Gelegenheiten zu hören. Sind Blockaden, Ängste, bewusste und unbewusste Bedenken erst einmal aufgelöst, so scheinen wir plötzlich frei zu sein das zu tun, was uns wichtig ist – ohne dass noch Drill oder Übung nötig sind.

Im Folgenden finden Sie drei weitere interessante Beispiele zu dieser Thematik:

> Da gab es den jungen Mann, der in sechs Wochen Gitarre spielen lernte. Am Ende der sechsten Woche konnte er sich praktisch jeden, auch den kompliziertesten Akkord merken und spielen; er konnte klassische und moderne Stücke in der richtigen Geschwindigkeit vom Blatt spielen und bestimmte Rhythmen nach einmaligem Hören nachspielen. Er benutzte die Klopfmethode, um jede einschränkende Überzeugung darüber aufzulösen, wie schwierig all das sei und dass andere es auch nicht schaffen würden oder dass er kein Talent dafür habe. Sein Lehrer war sprachlos und schickt seither regelmäßig Klienten zu mir.
>
> Außerdem hatte ich eine Klientin, die Angst vor Computerprogrammen hatte. Als sie mit dem Klopfdurchgang fertig war, berichtete sie, dass sich der Bildschirm irgendwie verändert habe; anstelle eines unleserlichen Durcheinanders sehe sie nun einfach Ordner und Dokumente und eine Symbolleiste – übersichtlich und einfach zu bearbeiten.
>
> Eine andere Klientin erzählte mir, sie habe auf einem Kiesweg einen weißen Reißnagel fallen lassen und eine halbe Stunde vergeblich danach gesucht. Nach einem Klopfdurchgang „sprang sie der Reißnagel zwischen all den Kieseln geradezu an“ und sie konnte es nicht fassen, dass sie zu einer so feinen optischen Unterscheidung imstande war. Sie fragte sich, zu welchen Leistungen ihr Gehirn wohl noch in der Lage wäre.

Beispiele aus dem Bereich des Sports ließen sich hier ebenfalls aufzählen (siehe unter „Sport“ in diesem Teil des Buches); in all diesen Fällen ging es nicht um mehr Übung oder darum, noch härter zu arbeiten, sondern vielmehr darum, sich selbst nicht im Weg zu stehen.

Ich stelle mir auch heute noch jeden Tag die Frage, welche weiteren einfachen, grundlegenden Fähigkeiten wir haben, die nur darauf warten, von uns zum Leben erweckt zu werden. Meine Empfehlung ist daher, in jedem Bereich, in dem Sie bessere Leistungen erreichen wollen, EFT zunächst dafür einzusetzen, den unnötigen Ballast zu beseitigen, der Sie zurückhält. In sieben von zehn Fällen ist das alles, was nötig ist, um unglaubliche Leistungssteigerungen zu erreichen. In manchen Fällen ist es notwendig, sich neue Fertigkeiten anzueignen; ich wundere mich jedoch immer wieder, wie selten dies wirklich erforderlich ist.

Lernen

Uns ist seit langem bekannt, dass wir Menschen über schier unbegrenzte Lernkapazitäten verfügen. Unser Gehirn hat mehr Neuronen, als wir Sterne am Himmel sehen können, und die Zahl ihrer Verbindungen ist ebenso unbegrenzt wie ihre Möglichkeiten. Sicher haben auch Sie schon gehört, dass wir nur 5 Prozent unseres Gehirns wirklich nutzen. Schenkt man dieser Auffassung Glauben, so stellt sich die Frage, warum wir so viele Schwierigkeiten haben, Neues zu lernen, Dinge zu erforschen und unser Wissen zu nutzen. Ein Grund dafür sind sicherlich negative Überzeugungsmuster, entstanden an irgendeinem Punkt in unserer Vergangenheit durch negative Emotionen in traumatischen Augenblicken. Hierzu drei Fallbeispiele:

Dyslexie

Eine meiner Klientinnen war ein vierzehnjähriges dyslektisches Mädchen. Sie steckte voller einschränkender Überzeugungsmuster, wie etwa: „Ich bin dumm geboren." – „Ich kann nichts richtig machen." – „Ich muss einen Hirnschaden haben." Dieses arme Kind konnte überhaupt nicht mehr daran glauben, dass es überhaupt irgendetwas zustande bringen könnte.

Bevor wir mit der Behandlung begannen, gab ich ihr ein Blatt Papier, auf dem das Wort „Pferd" stand. Sie wurde blass, hielt das Papier so verkrampft fest, dass es zerriss und starrte verzweifelt und mit Sorgenfalten auf der Stirn darauf. Dann schüttelte sie nur den Kopf und gab mit das Blatt Papier mit gesenktem Kopf zurück. Nachdem wir zusammen gearbeitet hatten, reichte ich ihr ein neues Blatt Papier, auf dem ebenfalls das Wort „Pferd" geschrieben stand. Sie schaute sich das Wort an und sagte: „Das ist ein P, stimmt's? Und der nächste Buchstabe ist ein F, richtig? Könnte dieses Wort ‚Pferd' heißen?" Ich nickte lächelnd und sie schüttelte lange den Kopf und sagte immer wieder: „Pferd. Das ist richtig. Es ist Pferd. Ich habe es richtig gelesen." Sie lernt noch immer sehr langsam, es lässt sich jedoch nur schwer beschreiben, welchen Unterschied es für dieses Kind macht, nicht mehr länger in Angst vor dem eigenen Versagen zu leben. Dies war einer der vielen Fälle, in denen ich EFT dankbar war.

Lernblockade

Ein anderer Jugendlicher sollte sich auf eine wichtige Prüfung vorbereiten und war deswegen so aufgeregt, dass er hinter dem Rücken seiner Eltern einen Termin mit einer Hypnosetherapeutin, nämlich mit mir, vereinbarte. Er wollte eigentlich nicht zu mir kommen, aber er war völlig verzweifelt. Er konnte nicht mehr schlafen und wenn er versuchte zu arbeiten, konnte er sich nicht konzentrieren. „Alles um mich herum wird schwarz", so beschrieb er mir seinen Zustand. Es stellte sich heraus, dass ihm ein Lehrer während seiner Grundschulzeit einmal gesagt hatte, dass er es nie zu etwas bringen würde und dass er froh sein könnte, einen Job als Straßenfeger zu bekommen. Seit dieser Zeit war Schule für ihn eine Last und das Lernen ein ewiger Kampf.

Im Anschluss an die Sitzung setzte er das Klopfen selbstständig fort, er bestand seine Prüfung ohne Probleme und mit sehr guten Ergebnissen. Anschließend bedankte er sich bei mir mit einer Karte und schrieb: „Ohne Ihre Hilfe hätte ich mich umgebracht."

Examensphobie

Eine junge Frau vereinbarte eine Sitzung mit mir; sie hatte zwar keine Probleme zu lernen, war jedoch in den Prüfungen wie gelähmt. Es war ihr vollkommen unmöglich, sich an das zu erinnern, was sie gelernt hatte, obwohl sie wusste, dass sie es gelernt hatte; während des Examens hatte sie keinerlei Zugang zu ihrem Wissen. Dies war für alle Beteiligten außerordentlich frustrierend, auch für ihre Lehrer, denn sie hätte leicht zu den Besten ihres Semesters gehören können und bestand ihre Prüfungen, wenn überhaupt, dennoch nur knapp. Von Semester zu Semester wurde das Spiel nervenaufreibender; immer ging es darum, ob ihre hervorragenden Leistungen während der Seminare ausreichen würden, um ihre schlechten Examensleistungen auszugleichen.

Wir setzten EFT ein, um die Ursache dafür aufzudecken – es handelte sich um eine im Grunde unbedeutende, kleine Erinnerung aus der Schulzeit. Sie hatte damals einen Test geschrieben und war davon überzeugt gewesen, alle Fragen richtig beantwortet zu haben; sie bekam den Test mit einer schlechten Note zurück. In diesem Moment war sie entsetzt und schockiert gewesen und hatte jeden Glauben in ihre Fähigkeit verloren, in Prüfungen gute Ergebnisse zu erzielen.

Später berichtete sie mir: „Vor der nächsten Prüfung klopfte ich unentwegt. Ich hatte eigentlich keine Angst mehr vor der Prüfung, ich hatte eher Angst davor, dass die Angst zurückkommen könnte. Als ich die Prüfungsaufgaben vor mir sah, kamen sie mir so leicht vor, dass ich es zuerst nicht glauben konnte. Ich fühlte mich, als würde ich zu Hause an meinem Schreibtisch sitzen und arbeiten. An einem Punkt blieb ich stecken, weil ich mich an ein ganz bestimmtes Beispiel nicht mehr erinnern konnte, das ich zitieren wollte, also klopfte ich einfach mitten in der Prüfung meine Punkte und kurz darauf wusste ich die Antwort. Hätte ich doch EFT nur schon früher gekannt. Wie viel Leid wäre mir dadurch erspart geblieben!“ Als ich sie nach dem Prüfungsergebnis fragte, sagte sie, dass sie etwa 94 Prozent der Fragen korrekt beantwortet habe.

Lernen ist jedoch nicht auf Schule oder Studium beschränkt. EFT kann Sie in jedem Bereich unterstützen, in dem Sie etwas lernen oder verbessern wollen – vom Reiten über Golf, Kegeln, Singen, ein Musikinstrument spielen, Schreibmaschine schreiben bis hin zum Lernen im weiteren Sinne – etwa lernen, geduldigere Eltern zu sein oder ein erfolgreicher Verkäufer oder ein liebevollerer Partner. (Siehe hierzu auch die Beispiele unter „Leistung“ in diesem Teil des Buches.)

Liebeskummer

Im Leben eines jeden Menschen gibt es nur wenige Ereignisse, die so extreme emotionale Reaktionen hervorrufen, so traumatisierend wirken und das innere Gleichgewicht so nachhaltig stören können wie die Verstrickungen einer romantischen Liebesbeziehung. Vielleicht haben Sie, liebe Leser, bereits vergessen, wie es ist, sich in einem Zustand zu befinden, in dem nichts anderes mehr zählt als der geliebte Mensch und was er oder sie denkt, tut und sagt: das (sowohl im wörtlichen wie übertragenen Sinn) „gebrochene Herz", wenn man Zurückweisung erfährt; der Verlust des geliebten Menschen, wenn man verlassen wird; der Schmerz, den man empfindet, wenn Liebe und Vertrauen missbraucht wurden.

Ich habe mit vielen Menschen gearbeitet, die an den Auswirkungen dessen litten, was gemeinhin als „Liebeskummer" bezeichnet wird; in einigen Fällen war dieser Schmerz noch ganz frisch – in einem speziellen Fall war er jedoch schon 70 Jahre alt und unverändert deutlich und schmerzlich. Ich habe viele Menschen gekannt, denen alles Heilen, alles Meditieren und alle Vergebung dieser Welt bei der Bewältigung dieser höchst intensiven Emotionen nicht oder nur wenig geholfen hat und denen es auch nicht gelungen ist, sich in einer einigermaßen erträglichen Weise mit ihrem Schmerz zu arrangieren – bis sie EFT kennen lernten.

Dieser Methode liegt kein philosophischer oder religiöser Glaubenssatz zugrunde, sie will uns auch keine Lektion erteilen und erwartet nicht von uns, dass wir uns verändern. Sie ermöglicht uns einfach nur, Schmerz loszulassen – und zwar jede Form von Schmerz ohne Unterschied, ob er von einem unverschuldet, zufällig erlittenen Trauma oder von unseren eigenen Entscheidungen herrührt.

Liebeskummer, die daraus resultierenden Traumata und die als Folge davon getroffenen Entscheidungen können langfristige Auswirkungen auf viele Bereiche des menschlichen Lebens haben. Diese Verletzungen wirken auf alle Beziehungen, sie bilden den Hintergrund für alle möglichen Ängste und Überzeugungen, die unseren Selbstwert betreffen. Überschattet ein solcher Schmerz das ganze Leben eines Menschen, so besteht die Gefahr, dass er sogar auf die Kinder übertragen wird, mit denen ein solcher Mensch zusammenlebt.

Ich habe vielen Menschen dabei geholfen, diese Art von Schmerz loszulassen und es war jedes Mal ermutigend zu sehen, wie entscheidend sich dadurch das Leben dieser Menschen verändert hat. Es spielt keine Rolle, ob Sie das dringende Bedürfnis haben, EFT in diesem Bereich anzuwenden, oder ob Sie einfach nur einen Versuch wagen wollen: Sie werden ganz sicher eine sehr tiefe, heilende Erfahrung machen, die Sie auf Ihrem Weg zu einer glücklichen, erfüllten und liebenden Persönlichkeit ein großes Stück voranbringen wird.

Louise Hay

Die Kombination von EFT und der Arbeit von Louise Hay habe ich mit in diesen Teil aufgenommen, weil sehr viele meiner Klienten sie als sehr hilfreich und wirkungsvoll erlebt haben. Die Amerikanerin Louise Hay heilte sich selbst von ihrer Krebserkrankung (die sie für eine physische Manifestation ihrer inneren Einstellung oder Geisteshaltung hielt, welche sie veranlasst hatte, an seelischen Wunden und schmerzlichen Erinnerungen und Verletzungen festzuhalten), indem sie ihre Einstellungen zu sich selbst überprüfte und mit Hilfe von Affirmationen veränderte. Später setzte sie diese Arbeit fort und ließ anderen Menschen ihr Wissen zugute kommen – häufig mit erstaunlichem Erfolg. Mittlerweile gibt sie ihre Erfahrungen und Erkenntnisse in Büchern und Workshops weiter; ihre Bücher stehen auf den Bestsellerlisten.

Sollten Sie mit den Zusammenhängen und Beziehungen zwischen Körper und Geist noch nicht vertraut sein, vor allem in dem Bereich, in dem es darum geht, seelisch-geistige Ursachen für körperliche Krankheiten zu erkennen, so empfehle ich Ihnen das Buch *Heile Deinen Körper* von Louise Hay. (Freiburg: Lüchow, 1989) Darin werden körperliche Krankheiten in alphabetischer Reihenfolge aufgelistet; in einer zweiten Spalte werden mögliche seelisch-geistige Ursachen aufgeführt, die zu physischer Manifestation in Form bestimmter Krankheiten beigetragen haben können. In einer dritten Spalte wird schließlich eine Affirmation vorgeschlagen, die zur Überwindung des zugrunde liegenden emotionalen Problems beitragen kann. Im Folgenden ein Beispiel aus diesem Buch (S. 29):

„*Problem*: Inkontinenz

Wahrscheinlicher Grund: Überfließende Emotionen. Emotionen wurden jahrelang eingedämmt.

Neues Gedankenmuster: „Ich bin bereit, Gefühle zu haben. Es ist sicher für mich, Emotionen Ausdruck zu geben. Ich liebe mich."

Diese zur Heilung bestimmten Affirmationen lassen sich hervorragend mit EFT kombinieren, indem man sie in den Ablauf des EFT-Verfahrens einfach unverändert einbaut oder sie zu ihrem Gegenteil umformuliert und so als Eröffnungsaussage benutzt:

„Ich akzeptiere mich voll und ganz, auch wenn ich nicht bereit bin, Gefühle zu haben."

„…, auch wenn ich nicht glaube, dass es sicher für mich ist, Emotionen zum Ausdruck zu bringen."

„…, auch wenn ich mich nicht liebe."

Diese Formulierungen können entweder als Ausgangspunkt zur Aufdeckung der persönlichen Gründe an der Wurzel des jeweiligen Problems eingesetzt werden oder einfach als erster Schritt zur tatsächlichen Auflösung des Problems.

Hierzu ein Fallbeispiel:

Ein Jugendlicher, den wir hier Jason nennen wollen, kam zu mir, weil er wiederholt beim Stehlen erwischt worden war. Außerdem litt er immer häufiger unter Nasenbluten. Beide Probleme waren etwa sechs Monate nach der Geburt eines Stiefbruders aufgetreten. Er selbst konnte den (für mich offensichtlichen) Zusammenhang zwischen diesen Ereignissen nicht erkennen, deshalb gab ich ihm das Buch *Heile deinen Körper* von Louise Hay und ließ ihn laut vorlesen, was dort unter dem Stichwort „Nasenbluten" geschrieben stand (S. 35):

„*Problem*: Nase blutet

Wahrscheinlicher Grund: Verlangen nach Anerkennung. Fühlt sich übersehen und nicht anerkannt. Schreit nach Liebe.

Affirmation: Ich liebe und akzeptiere mich. Ich erkenne meinen eigenen, wahren Wert. Ich bin wunderbar."

Ich ließ ihn einen Durchgang mit der Aussage klopfen: „..., auch wenn ich überhaupt nicht wunderbar bin" (die Formulierung hatte er selbst so gewählt); daraufhin wurde er sehr nachdenklich und äußerte die Vermutung, dass er, wenn auch nicht perfekt, so doch vielleicht nicht ganz so schlecht wäre, wie er manchmal glaubte. Daraufhin gab ich ihm eine etwas veränderte, auf ihn zugeschnittene Fassung der Affirmationen von Louise Hay mit nach Hause und vereinbarte mit ihm, dass er damit täglich klopfen würde. Daraufhin verschwand sein Nasenbluten und trat nie wieder auf.

Kombiniert man EFT mit den Vorschlägen aus dem Buch von Louise Hay, so lässt sich zum einen das zugrunde liegende Trauma auflösen, zum anderen kann man die Affirmationen zur Unterstützung der Heilwirkung einsetzen. Diese Verbindung ist in der Tat außerordentlich wirkungsvoll und leicht anwendbar, selbst für Nichttherapeuten.

Metaphern

Ich halte Metaphern oder „geistige Bilder und Filme" für die Sprache unseres Unbewussten. Metaphern springen immer dann ein, wenn wir versuchen, etwas zu beschreiben und gewöhnliche Worte nicht ausreichen: „Meine Liebe zu ihm war so tief wie das Meer." – „Mein Kopf dröhnte wie tausend Hammerschläge." – „Ich hatte das Gefühl, in den schwarzen Fluten meiner Angst zu ertrinken." …

Ob Sie nun aus therapeutischen Gründen nach einer Metapher suchen, die etwas aufdecken soll, ob Sie damit Ihre Träume interpretieren wollen oder ob Sie ein Bild suchen, das Ihrer Firma ein neues treffendes Logo geben soll, mit Hilfe von EFT können Sie solche Bilder und Symbole äußerst treffend und kreativ gestalten und ihre Relevanz und Bedeutung aufdecken.

Kürzlich konnte eine meiner Klientinnen ihr ursprüngliches Problem sehr schnell auflösen – es handelte sich um eine Rattenphobie, die nach nur einem Klopfdurchgang völlig verschwand. Ich hatte zuvor dafür gesorgt, dass wir eine junge, lebende Ratte zur Verfügung hatten und das Ergebnis sofort überprüfen konnten; da es positiv ausfiel, blieb uns noch etwas Zeit und sie erzählte mir, dass sie häufig einen Traum hätte, in dem sie eine Schnecke oder eine Schlange war. Sie versuchte in diesem Traum immer vorwärts zu kommen, wurde dann aber von der Sonne oder sogar von Riesen getötet, die ihr Salz auf den Rücken streuten.

Mein Interesse war geweckt und ich bat sie, einfach zum Spaß mit folgendem Satz zu klopfen: „…, auch wenn ich eine Schnecke bin." Sie lachte zuerst, wurde dann aber sehr still. Am Ende sagte sie mir: „Plötzlich wurde mir klar, was dieser Traum bedeutet. Sie wissen sicher, wie eine Schnecke aussieht, die ihre Fühler ausgestreckt hat! Berührt man diese nur ganz sacht, so zieht sich die Schnecke sofort in ihr Schneckenhaus zurück.

Genau so bin ich auch. Ich bin überaus sensibel und ziehe mich beim geringsten Verdacht auf Kritik oder Zurückweisung innerlich zurück."

Eine Freundin erhielt als Geschenk zu ihrem Hochzeitstag ein sehr kostbares Originalgemälde. Es zeigte einen Sonnenuntergang über einem See und ein Ruderboot, das im Schatten von Hügeln auf das ferne Ufer zusteuerte. Sie mochte das Bild nicht, konnte jedoch keinen einleuchtenden Grund nennen, aus dem sie ihren Mann hätte bitten können, es wieder zu verkaufen. Sie entschloss sich daher, mit folgendem Satz zu klopfen: „…, auch wenn ich nicht weiß, warum ich dieses Bild nicht mag." Es stellte sich heraus, dass sie das Bild an den Tod ihres Vaters erinnerte (die Fähre, die über den Fluss ins Schattenreich des Todes fährt) und dass sie deshalb jedes Mal ein Gefühl von Trauer und Niedergeschlagenheit empfand, wenn sie es anschaute. Diese Erkenntnis ermöglichte ihr, ein Thema anzuschauen, das sie bisher lieber gemieden hatte. Nachdem sie für alle möglichen traurigen und unglücklichen Gefühle in der Beziehung zu ihrem Vater geklopft hatte, stellte das Bild kein Problem mehr für sie dar und sie begann seine Schönheit und Qualität zu bewundern.

Metaphern können sehr gut als Stellvertreter für körperliche und seelische Schmerzen eingesetzt werden, wenn diese nur schwer zu beschreiben sind. So könnte Ihnen zum Beispiel jemand seine Traurigkeit als „diese schwere Last auf meiner Brust" beschreiben. Nach einem Klopfdurchgang können Sie fragen, ob die Last nun kleiner oder leichter geworden ist; mit dieser Methode können Sie das Unsichtbare sichtbar machen, Sie können es als hervorragende Eröffnungsaussage einsetzen und anschließend überprüfen, ob eine Veränderung stattgefunden hat.

Muskeltesten

In Fällen, in denen psychische Umkehrungen (siehe Teil I und Begriffserläuterungen im Anhang) eine wichtige Rolle spielen, kann Muskeltesten sehr hilfreich sein. Streckt eine Person ihren Arm zur Seite aus, wobei die Handfläche nach unten weisen soll, und übt man dann mit zwei Fingern sanften Druck auf diesen Arm aus; so spürt man normalerweise einen gewissen natürlichen Widerstand. Liegt eine Umkehrung vor, so fühlt sich der Arm in der Regel schwächer an, während die Person ihr Problem in eine Aussage fasst und diese laut ausspricht, zum Beispiel: „Ich möchte gesund sein."

Einige Therapeuten verwenden den Muskeltest grundsätzlich, um ihren Klienten ihre Umkehrung sozusagen praktisch vor Augen zu führen; das ist besonders dann sehr sinnvoll, wenn ein Klient nicht glauben kann oder will, dass ein unbewusster Teil seiner selbst oder gar sein ganzes Energiesystem das Gegenteil von dem verfolgt, was er bewusst anstrebt. Mit dem Muskeltest lässt sich auch nachprüfen, ob eine Umkehrung aufgelöst werden konnte, die betreffende Person sollte dann auf die Aussage: „Ich möchte gesund sein" stark testen, bei der Aussage „Ich möchte krank sein" sollte der Muskel schwach testen.

Diejenigen, die alleine für sich selbst arbeiten, können anstelle des Muskeltests automotorische Bewegungen einsetzen; anstatt eines starken oder schwachen Muskels kann auch ein Pendel ein Ja oder Nein liefern.

NLP

NLP-Trainer werden intensiv darin ausgebildet, bei ihren Klienten jede physiologische Veränderung genau zu beobachten und die Sprache, die die Klienten verwenden, mit großer Sorgfalt zu registrieren. Diese Fähigkeiten sind für das Formulieren der Eröffnungsaussage von unschätzbarem Wert. Auf der anderen Seite bietet EFT die Möglichkeit, Emotionen schnell aufzulösen oder beschränkende, negative Überzeugungen zu verändern; dies lässt sich ideal mit den Interventionen des NLP kombinieren. Die Arbeit mit Submodalitäten, Metaphern, unbewussten Installationen, Werten, Integration von Teilen der Persönlichkeit oder mit Zeitlinien lässt sich mit Hilfe von EFT beschleunigen und intensivieren.

Darüber hinaus lässt sich mit EFT ein leichter Trancezustand erzeugen, ohne dass der Begriff Hypnose erwähnt werden muss; auch dies lässt sich mit der typischen, sprachbezogenen Struktur einer NLP-Intervention hervorragend kombinieren. Ich kann daher jedem NLP-Trainer nur dringend raten, diese Technik ebenfalls zu erlernen und anzuwenden.

NLP und EFT lassen sich aber auch ganz anders verbinden: Wer gerade dabei ist, die Techniken des NLP zu erlernen, kann EFT dazu einsetzen, eben diesen Lernvorgang zu beschleunigen und effektiver zu gestalten. Einige meiner Freunde haben mit Aussagen geklopft wie: „…, auch wenn mich dieses Meta-Modell noch verrückt macht.“ Oder: „…, auch wenn ich DHE nicht in meinen Kopf hineinbringe.“ Oder: „…, auch wenn ich keine klaren visuellen Repräsentationen zustande bringe.“ Da NLP mein Spezialgebiet ist, habe ich einen Bericht für Kollegen zum Thema NLP & EFT geschrieben, der unter der Adresse *http://DragonRising.com* erhältlich ist.

Öffentliches Auftreten

Sicher haben auch Sie davon gehört, dass die Angst vor dem Sprechen in der Öffentlichkeit bei Umfragen als größtes Problem angegeben wird und in der Reihenfolge sogar noch vor der Angst vor dem Tod rangiert. Bei meiner Arbeit als Coach und Therapeutin bereiten mir nur wenige Veränderungen so viel Freude wie die, in deren Verlauf jemand genau dieses Problem ablegt, vorwärts geht und sich in einen ausdrucksstarken Redner, Sänger, Musiker, Schauspieler oder Lehrer verwandelt. Der Grund, warum ich daran so viel Freude habe, ist der, dass Menschen, die unter dieser besonderen Angst leiden, all ihr Wissen und alles, was sie geben könnten, in sich einschließen, obwohl andere Menschen ihnen vielleicht gern zuhören und davon profitieren würden. Welcher Verlust also für beide Seiten!

Die Angst, die wir hier als Angst vor öffentlichem Auftreten bezeichnen, hat natürlich viele Gesichter. Zunächst ist da die offensichtliche Angst, vor Gruppen zu sprechen. Als Ausbilderin habe ich unzählige Male im Publikum gesessen und beobachtet, wie meine Schützlinge um Worte rangen, wenn sie einen Black-out hatten, wie ihr Herz raste, die Stimme versagte und Hände und Stirn schweißnass wurden; wie oft hätte ich diese Menschen am liebsten vom Podium geholt und sie an einem ruhigen Ort in den Arm genommen und getröstet. In dieser Kategorie treten jedoch noch viele andere Probleme auf, wie etwa die Angst davor, Telefongespräche zu führen, Besucher zu empfangen oder Anzeigen zu gestalten, die von Tausenden gelesen werden. Viele Menschen, denen ich die Techniken von EFT vermittelt habe, haben die Erfahrung gemacht, wie beruhigend es ist zu wissen, dass sie im schlimmsten Augenblick immer die Möglichkeit haben, heimlich zu klopfen, etwa während sie auf ihren „Auftritt" warten. Diese Menschen haben auch die Erfahrung gemacht, dass dies nur selten nötig ist, wenn das Problem bereits mit EFT bearbeitet wurde, und dass es dennoch gut ist zu wissen, was man im Notfall tun kann.

Haben Sie EFT bereits eine gewisse Zeit lang angewandt, so besteht auch nicht mehr die Notwendigkeit, jedes Mal das gesamte Verfahren („Sandwich“) durchzuführen. In der Regel genügt es dann, einen oder zwei Punkte sanft zu berühren oder zu massieren, was völlig unbemerkt geschehen kann; auf diese Art lässt sich auch der Gefahr von „Aussetzern“ mitten im Geschehen rechtzeitig begegnen – EFT garantiert dem Betreffenden also effektive Soforthilfe. So berichtete zum Beispiel Myriam:

> „Ich bin Sängerin und es ist im Grunde lächerlich, dass ich Angst davor habe, vor anderen Menschen aufzutreten; ich hatte aber immer Angst, nein, ich geriet sogar fast in Panik. Vor meinen Auftritten habe ich deshalb immer Alkohol getrunken, was mir aber nicht wirklich geholfen hat und nicht gut für mich war. Seit ich EFT kennen gelernt habe, hat sich mein Singen in den Freudengesang verwandelt, der es schon seit vielen Jahren hätte sein sollen. Und ich kann noch viel mehr: Geschieht nämlich während meines Auftritts etwas Unvorhergesehenes, dass zum Beispiel ein Musiker einen schlimmen Fehler macht oder jemand aus dem Publikum massiv stört, so brauche ich einfach nur ein paar Mal den Punkt an meiner Handkante zu klopfen, um sofort wieder zu dieser ausgeglichenen, ruhigen Verfassung zurückzufinden, in der ich einfach alles kann.“

Auch dieser Aspekt, dass man nämlich an einem öffentlichen Auftritt auch Freude haben, ja ihn sogar genießen kann, verschafft mir bei meiner Arbeit mit EFT im Bereich öffentliches Auftreten außerordentlich große Befriedigung. Keiner meiner Klienten, die wegen eines solchen Problems zu mir gekommen waren, hätten auch nur im Entferntesten daran gedacht, dass er einmal Freude und Vergnügen an seinen Auftritten haben würde. Waren jedoch die Ängste erst einmal verschwunden, so machten viele diese angenehme Erfahrung. Eine weitere Folge war, dass sie es nicht nur genossen, „da vorne“ zu stehen, sondern dass sich dadurch auch ihr Auftreten als solches deutlich verbesserte – sie wirkten selbstbewusster, behielten den Überblick, ihr Vortrag wurde flüssiger – und das Publikum reagierte entsprechend.

Persönliche Einschränkungen

Welche Dinge glauben Sie wirklich *nicht* zu können? Diejenigen von Ihnen, die mit EFT bereits vertraut sind, müssen über diese Frage sicherlich zweimal nachdenken, denn für sie gibt es keine persönlichen Einschränkungen im herkömmlichen Sinne. In diesem Zusammenhang ist das Gespräch zweier Meridiantherapeuten, die sich am Rande einer Konferenz unterhielten, sehr passend: Der eine sagte: „Ich habe schreckliche Angst vor dem Fliegen. Ich habe seit zwanzig Jahren oder länger kein Flugzeug mehr benutzt. Ach ja, und vor ein paar Tagen habe ich eine Urlaubsreise nach Spanien gebucht." Darauf der andere: „Aber was ist dann mit Ihrer Flugangst?" Der erste antwortet lachend: „Ja, im Moment habe ich schreckliche Angst, aber dann mache ich ein wenig EFT und das wird wohl reichen. Dann wird es mir gut gehen."

Ich erzähle diese Anekdote besonders gern, weil es mir genauso geht. Seit einem schrecklichen Unfall vor etwa fünfzehn Jahren hatte ich selbst bei kurzen Strecken schreckliche Angst davor, Auto zu fahren. Als ich jedoch einige Jahre später gefragt wurde, ob ich eine Fahrt von vielen Hundert Kilometern machen könnte, sagte ich: „Klar, wenn nötig, werde ich während der gesamten Fahrt einfach unentwegt klopfen."

Es stellte sich heraus, dass ich überhaupt nicht zu klopfen brauchte. Es ging mir sehr gut und ich kam mit dem Fahren hervorragend zurecht. Das Erstaunliche daran ist, dass ich ohne EFT niemals herausgefunden hätte, dass ich es doch kann – ich hätte es nämlich nicht versucht!

Der Enthusiasmus, den diejenigen von uns empfinden, die EFT beruflich und privat oder im persönlichen Bereich nutzen, hat – wie Sie aus diesen Beispielen erkennen können – seinen Grund; für uns ist diese Technik weit mehr als nur eine unter vielen. Jeder Einzelne von uns hatte ähnliche Erlebnisse wie die oben geschilderten und jeder von uns hat plötzlich festgestellt, dass er Dinge tat, die er nie für möglich gehalten hätte, und dass diese ihm sogar leicht fallen und Spaß machen.

Dazu gehört zum Beispiel das Besteigen hoher Türme, über weite Strecken Auto zu fahren, zwei Tage lang vor einer Gruppe von Fachleuten zu sprechen, bei Anrufen von Radiomoderatoren unvorbereitet Fragen zu beantworten, während man auf Sendung ist– alle nur denkbaren Dinge sind möglich.

Vielleicht das größte Geschenk von EFT ist für mich jedoch das Vertrauen in die Technik, das es mir erlaubt, meine eigenen, selbst errichteten Beschränkungen und Grenzen zu überschreiten. Ich wünsche allen Lesern ähnliche Erfahrungen – Sie werden ein Stück Freiheit und eine Erweiterung des persönlichen Horizontes erhalten.

Persönliche Entwicklung

Von einem Zyniker stammt die Bemerkung: „Von persönlicher Entwicklung zu sprechen ist eine Möglichkeit einzugestehen, dass etwas mit uns nicht stimmt.“ Ich bin der Meinung, dass einer der größten Vorzüge von EFT die Möglichkeit ist, negative Überzeugungen loszulassen, die wir vielleicht schon ein Leben lang von uns selbst und der Welt haben. Es ist bemerkenswert, welche Ausprägungen negativen Denkens die meisten Menschen bei sich finden, wenn sie erst einmal anfangen hinzuschauen. Ich kann mich an mehr Menschen erinnern, als mir lieb ist, die zutiefst davon überzeugt waren, dass sie schlecht seien und dass es keine Hoffnung gebe.

Dies ist umso bemerkenswerter, wenn man bedenkt, dass ich in der Regel nicht mit Schwerverbrechern oder Psychiatriepatienten arbeite, sondern mit intelligenten, logisch denkenden Menschen, die hoch qualifizierte Berufe ausüben.

Eine sehr brauchbare Methode, an Bereiche heranzugehen, in denen man seine persönliche Entwicklung vorantreiben will, ist das Erfassen des VOC-Wertes (engl.: *Validity of Cognition*), der eine Maßeinheit für die subjektive Gültigkeit einer Aussage für eine bestimmte Person darstellt. Die jeweiligen Themen werden dabei in Form von Kernaussagen auf einer Skala von 0 bis 10 eingeordnet, wobei 10 bedeutet, dass die Aussage so zu 100 Prozent zutreffend ist, während sie bei 0 überhaupt nicht zutrifft. Sie können diese Vorgehensweise auf jede Ihrer Lieblingsaffirmationen anwenden, wie etwa:

Ich bin glücklich.

Ich bin eins mit mir.

Ich habe alles, was ich brauche.

Ich bin gesund.

Ich bin ein geliebtes Kind des Universums.

Ich liebe mich.

Ich bin mit mir in Einklang.

Ich werde geliebt.

Fragen Sie sich jetzt selbst, wie zutreffend für Sie jede beliebige Aussage ist. Akzeptieren Sie dabei die erste Zahl, die Ihnen spontan einfällt. Hierbei gilt Folgendes:

- Liegt der Wert unter 5, so werden Sie dieses Ziel nicht erreichen, solange Sie sich nicht selbst verändern.
- Liegt der Wert über 8, so sind Sie in der Lage, dieses Ziel sehr schnell zu erreichen.
- Liegt der Wert bei 10, so haben Sie dieses Ziel im Grunde bereits erreicht. Haben Sie einen Wert von 10 angegeben und sind dennoch der Meinung, dass Sie dieses Ziel noch nicht erreicht haben, dann belügen Sie sich entweder selbst oder ein Teil von Ihnen hat ein begründetes Interesse daran, dass Sie weiterhin davon überzeugt sind etwas zu glauben, das in Wahrheit nicht zutrifft.
- Liegt der Wert zwischen 5 und 7, so besteht durchaus die Chance, dieses Ziel zu erreichen, es wird Ihnen jedoch nicht so leicht fallen, wie es eigentlich sein könnte.
- Fallen Ihnen spontan mehr als zwei Werte ein, so liegt ein Konflikt zwischen unterschiedlichen Teilen Ihrer Persönlichkeit vor und Sie sollten jede Zahl für sich bearbeiten.

Sollten Sie dabei feststellen, dass ihre innere Sichtweise in Bezug auf viele Themen weit von der vollständigen, wirklichen Einsicht entfernt ist, die Sie sich gewünscht oder erhofft haben, so machen Sie sich deswegen keine Sorgen. Mit Hilfe von EFT können Sie Ihre unbewussten Überzeugungen mit Ihren Vorstellungen in Einklang bringen und negative Konditionierungen auflösen. Haben Sie zum Beispiel die Aussage gewählt „Ich bin glücklich“ und stellen Sie, während sie den Satz aussprechen, fest, dass dies nicht wirklich zutrifft (der Wert liegt höchstens bei 3), so können Sie mit folgendem Satz klopfen: „Ich akzeptiere mich voll und ganz, auch wenn ich nicht glücklich bin.“ Beobachten Sie, wohin Sie dieser Satz führt, zu welchen Erinnerungen, Entscheidungen, Traumata oder was es auch immer sein mag. Setzen Sie EFT ein, um aufzulösen, auf was Sie gestoßen sind, und nehmen Sie anschließend eine neue Bewertung vor. Dieses Mal sollten Sie zu einem anderen, wesentlich höheren Wert kommen. Nun können Sie entscheiden, ob Sie es dabei belassen oder ob Sie mit weiteren Klopfdurchgängen, etwa mit: „Ich will alle Blockaden beseitigen, die mich daran hindern, glücklich zu sein“, zu einer 10 gelangen wollen.

In manchen Fällen kann es hilfreich sein, sich selbst mit folgenden Klopfaussagen zu unterstützen: „…, auch wenn ein Teil von mir nicht glauben will, dass ich geliebt werde / … dass ich es verdiene, glücklich zu sein / … dass ich ein geliebtes Kind des Universums bin“, und damit alle Einwände oder Argumente auszuschalten, die Sie in der Vergangenheit vielleicht hatten.

Erscheint Ihnen dieses Verfahren zu arbeitsaufwändig, so können Sie auch einfach mehrmals täglich mit der folgenden Aussage klopfen: „Ich möchte glücklich sein und ich akzeptiere mich voll und ganz.“ Belassen Sie es zunächst dabei und überprüfen Sie regelmäßig Ihren VOC-Wert.

Sollten Sie den Eindruck haben, dass bei Ihnen im Bezug auf das Thema Glücklichsein eine psychische Umkehrung vorliegt, so ist diese Vorgehensweise besonders wirkungsvoll.

Phobien

Die Therapien, die auf das Ausgleichen der Meridianenergie ausgerichtet sind, wurden ursprünglich zur Behandlung von Phobien entwickelt. Phobien sind extreme, völlig irrationale Ängste, die die betroffene Person immer dann in blinde Panik versetzen, wenn ein bestimmter Auslöser auftaucht, der die Gehirnbereiche aktiviert, in denen die betreffende Phobie gespeichert ist.

Ich arbeite besonders gern mit Menschen, die unter Phobien leiden, denn es ist immer wieder faszinierend zu sehen, wie sie plötzlich Dinge zu tun vermögen, die sie in ihren kühnsten Träumen nicht für möglich gehalten hätten, und wie sie darauf mit Freude und ungläubig reagieren und plötzlich erkennen, dass sich ihr Leben dadurch zum Besseren verändert. Diese Menschen brauchen keinen weiteren Beweis für die Wirksamkeit von EFT. In meinen Workshops bitte ich jeden Teilnehmer, sich eine negative Emotion vorzunehmen, die er nicht mehr braucht. Dabei akzeptiere ich nur solche Emotionen, die auf der SUD-Skala einen Wert über 6 erhalten. Der Grund dafür ist, dass sich Veränderungen bei weniger heftigen Emotionen leichter verleugnen oder abstreiten lassen und das Verfahren, das die Veränderung eigentlich bewirkt hat, so keine Anerkennung findet (siehe hierzu auch den Abschnitt über das Apexproblem in den Begriffserläuterungen im Anhang).

Diejenigen von Ihnen, die bei sich selbst eine Phobie auflösen wollen, sollten zuvor das Beispiel zur Agoraphobie im Abschnitt „Willensstärke“ (in diesem Teil des Buches) genau lesen. Es könnte außerdem sinnvoll sein, zunächst „die Angst vor der Angst“ aufzulösen, die von vielen, die schon sehr lange unter eine Phobie leiden, ebenso intensiv empfunden wird wie die Phobie selbst. Ist die phobische Reaktion auf einen bestimmten Auslöser (im Falle einer Spinnenphobie ist dies die Spinne) sehr stark, so sollte der Betreffende das Problem aus Sicherheitsgründen zunächst aus einer gewissen körperlichen und auch geistigen Distanz heraus bearbeiten.

Um dem Klienten zu einer möglichst schmerzfreien Ablösung zu verhelfen, ging ich zum Beispiel bei der Ablösung einer äußerst extremen Angst vor Ratten (in diesem Fall fürchtete ich wirklich, der Klient könnte bereits beim Erwähnen des Wortes einen Herzanfall erleiden) in folgenden Schritten vor: Zunächst klopften wir, während der Klient lediglich an Ratten dachte. Als dieser Gedanke keine phobische Reaktion mehr auslöste, klopften wir im nächsten Durchgang, während der Klient aus einer sicheren Entfernung das Bild einer Ratte betrachtete; dabei saß der Klient zunächst auf der einen Seite des Raumes, während das Bild der Ratte verkehrt herum an der gegenüberliegenden Wand aufgehängt wurde. Nach zwei weiteren Klopfdurchgängen konnte die betreffende Person zur anderen Seite des Raumes gehen, das Bild in die Hand nehmen und es umdrehen.

Es zeigten sich noch weitere Aspekte des Problems, die ebenfalls bearbeitet werden mussten, und erst als der Klient sich beim Betrachten des Bildes vollkommen wohl fühlte, unterbreitete ich ihm den Vorschlag, in eine Tierhandlung zu gehen und eine lebende Ratte anzuschauen.

Primärgewinne

Jedes Problem hat, wie alles auf dieser Welt, auch seine positiven Aspekte. Dieses wohl bekannte Phänomen wird von der Psychologie als „Sekundärgewinn" bezeichnet. In manchen Fällen wiegen die Vorteile, die ein Problem verschafft, das Leiden auf. In einigen Fällen stellt sich sogar heraus, dass diese Vorteile der Grund dafür sind, dass man sich ein ganz bestimmtes Problem „zugelegt" hat (ich bezeichne dies als „Primärgewinn", den Begriff „Sekundärgewinn" habe ich für die Limonade reserviert, die man aus den Zitronen zuzubereiten lernt, die das Leben für einen bereithält).

Bevor wir auf dieses Phänomen näher eingehen, ist es wichtig zu verstehen, dass das unbewusste „Erschaffen" eines Problems nicht auf eine hypochondrische Veranlagung hinweist; es handelt sich dabei auch nicht um Schwäche oder um einen Mangel an Willensstärke. Vielmehr betrifft es viel häufiger Menschen, die sehr hart zu sich selbst sind und die sich ständig zu einer für sie schädlichen und sogar gefährlichen Lebens- oder Verhaltensweise zwingen. Das Unbewusste dieser Menschen sucht nach anderen, besseren Auswegen, selbst um den Preis einer Krankheit oder eines psychischen Problems, das dann letztendlich eine unkontrollierbare Eigendynamik entwickelt.

Im Folgenden finden Sie drei Fallbeispiele; in jedem dieser Beispiele musste zunächst der „Primärgewinn" bearbeitet werden, bevor es möglich war, das eigentliche Problem aufzulösen.

Eine Klientin im Ruhestand mit Nierenschmerzen

Sie war auf alle denkbaren Allergien hin getestet und überaus gründlich untersucht worden; das Ergebnis war, dass sie körperlich vollkommen gesund sei. Dennoch waren ihre Schmerzen sehr real und allgegenwärtig. Der Schmerz veränderte sich auch nach mehreren Klopfdurchgängen nicht und so fragte ich sie, welche Vorteile ihr die Schmerzen verschafften und welche Veränderungen sich in ihrem Leben seit deren Auftreten ereignet hätten.

Daraufhin berichtete sie, dass ihr Ehemann zum ersten Mal in ihrer 42-jährigen Ehe einen Teil der Hausarbeiten übernommen habe; dass er sehr viel besorgter sei und ihr bei den Einkäufen und bei den schwereren Reinigungsarbeiten helfe; und dass ihre beiden Töchter nicht mehr ständig ihre Kinder bei ihr ablieferten. Während wir uns unterhielten, klopften wir immer wieder und schließlich stellte sich heraus, dass dieser zuletzt genannte Umstand für das Auftreten der Schmerzen verantwortlich war; sie hatte ihren Töchtern nicht sagen können, dass ihr die Enkelkinder zu anstrengend waren, und hatte es als große Erleichterung empfunden, diese – und ganz besonders die Babys unter ihnen – nicht mehr versorgen zu müssen. Wir klopften daher mit den Aussagen „…, auch wenn ich mich eigentlich um die Babys kümmern sollte" und „Ich kann ihnen nicht sagen, dass ich ihnen nicht helfen will." Anschließend überlegte sie einen Moment, dann sagte sie, sie habe ihren Teil an der Kindererziehung geleistet und sei nun in der Lage, ihren Töchtern Grenzen zu setzen. Wir klopften nochmals mit dem Schmerz als Thema. Er wurde deutlich schwächer, sank jedoch nicht unter einen Wert von 3.

Daraufhin klopften wir so lange mit der Aussage „…, auch wenn ich nicht erwarten kann, dass mir mein Mann bei der Hausarbeit hilft, wenn ich keine Schmerzen habe", bis die Klientin der Meinung war, dass sie dies sehr wohl erwarten und auch darum bitten könne und dass ihr Mann ihr sicher gern helfen werde. Wir wandten uns abermals den Schmerzen zu, die nun nach einem einzigen Durchgang auf den Wert 0 sanken. In diesem Fall war die besondere Aufmerksamkeit des Ehemannes der Sekundärgewinn (die Sahne auf dem Kuchen) und dass die Klientin die Enkelkinder nicht mehr hüten musste, war der Primärgewinn (der Grund dafür, dass sich das Problem körperlich manifestiert hatte).

Ein altes Gewichtsproblem

Diese Klientin hatte seit langer Zeit Probleme mit ihrem Körpergewicht. EFT hatte ihr bereits bei anderen Dingen geholfen, beim Thema Gewicht schien die Methode jedoch keinerlei Wirkung zu zeigen. Als wir über die Vorteile sprachen, die ihr dieses Problem verschaffen könnte, wollte sie zunächst nicht glauben, dass Übergewicht überhaupt irgendetwas Gutes mit sich bringen könnte. Nach einiger Zeit sprach sie jedoch sehr zögernd Folgendes aus:

Sie brauchte nicht zu arbeiten und auch das Haus kaum zu verlassen (was sie als Stress empfand und was sie ängstigte). Sie musste nicht mit anderen Frauen konkurrieren, einem Vergleich mit anderen Frauen hätte sie sowieso nicht standgehalten, auch wenn sie schlank gewesen wäre, denn sie sei ja „so hässlich". Ihr Mann stellt keine sexuellen Anforderungen mehr an sie. Außerdem hatte sie das Gefühl, mehr Kontrolle über ihren Körper und über ihr Leben zu haben, als in Zeiten, da sie schlanker war.

Ich half ihr dabei, diese Themen und die damit zusammenhängenden Aspekte und Erinnerungen aufzulösen, wobei sie meist selbstständig zu Hause klopfte. Nach zwei Wochen war sie bereit, das Thema Übergewicht selbstständig anzugehen und sich auch mit den praktischen Aspekten (wie Anfällen von Heißhunger, das Verlangen nach bestimmten Nahrungsmitteln, falsches Einkaufsverhalten und die Angst vor körperlicher Bewegung) zu beschäftigen.

Nicht nur so tun, als ob …

Werden Primär- und Sekundärgewinne bearbeitet, so sollte grundsätzlich immer die Frage gestellt werden: „ Was könnte die Ursache dafür sein, dass ich das Problem habe oder behalten will?" (Eventuell gibt es auch mehrere Ursachen.) Im folgenden Fallbeispiel war die Antwort überraschend einfach und ebnete einer uneingeschränkten Heilung den Weg:

Dieser Klient hatte einen Schlaganfall erlitten und war seit diesem Ereignis halbseitig gelähmt. Er erhielt regelmäßig physiotherapeutische Unterstützung, konnte jedoch seinen Arm noch immer nicht bewegen; nun wollte er versuchen, mit Hilfe von EFT wieder mehr Bewegungsfähigkeit zurückzugewinnen. Als nach dem ersten Durchgang keine Veränderung zu erkennen war, seufzte er und sagte: „Also gut, das war's dann. Ich hab's zumindest probiert."

Ich war überrascht, dass er so schnell aufgab, vor allem nachdem ich gehört hatte, wie viel Ausdauer er bei seiner Physiotherapie gezeigt hatte. Also fragte ich ihn: „Was würde geschehen, wenn dies wie ein Zauber wirken und Sie die volle Beweglichkeit Ihres Armes und Ihres Beines zurückgewinnen würden?" Er schaute mich entsetzt an und rief dann aus: „Mein Gott, dann würden ja alle denken, ich sei ein Betrüger und hätte die ganze Zeit nur simuliert!"

Es stellte sich heraus, dass er so viele ärztliche Untersuchungen, Beurteilungen und weitere Untersuchungen von Versicherungsvertretern hatte über sich ergehen lassen müssen, dass er zu der Überzeugung gelangt war, „dass alle im Stillen davon überzeugt sind, dass ich den Schlaganfall nur vorgetäuscht habe, um früher pensioniert zu werden." Daher rührte auch seine große Angst, er könne eines Tages aufwachen und seine Krankheit könne verschwunden sein; in seiner Vorstellung würde dies unweigerlich dazu führen, dass er öffentlich bloßgestellt und als Hypochonder, Lügner und Betrüger angesehen würde.

In seinem Fall brauchte das Unbewusste Sicherheit hinsichtlich zweier Dinge: erstens, dass er auf gar keinen Fall wieder arbeiten müsste, was für ihn mit außerordentlichem Stress verbunden gewesen war (ich bin davon überzeugt, dass dies der eigentliche Auslöser für den Schlaganfall gewesen war); und zweitens, dass sich der Gesundheitszustand eines Menschen verbessern kann, ohne dass er deshalb als Hypochonder, Lügner und Betrüger bezeichnet wird. Nachdem diese Ängste beseitigt waren, erreichte er mit Hilfe des Klopfens eine deutliche Verbesserung seiner Bewegungsfähigkeit, er konnte seinen Arm wieder besser kontrollieren und mit meiner Hilfe sogar aufstehen und einige Schritte gehen. Er setzte das Klopfen selbstständig fort und von diesem Zeitpunkt an machte er auch in der Physiotherapie gute Fortschritte. Zuletzt hörte ich, dass seine Bewegungsfähigkeit zu 80 Prozent wiederhergestellt sei und dass er noch immer jeden Tag seine Klopfübungen mache.

Zusammenfassend lässt sich somit feststellen, dass die Vorteile, besonders die Primärgewinne, also die Gründe, weshalb wir ein bestimmtes Problem haben, außerordentlich wichtig sind. Kommt man bei der Lösung eines Problems nicht voran, sollten Überlegungen darüber angestellt werden, welche Vorteile damit verbunden sein könnten; werden diese zuerst aufgelöst, so kann dies letztendlich zu deutlich anderen Gesamtergebnissen führen.

Problemlösung

Haben Sie auch schon die Erfahrung gemacht, dass es sehr einfach ist, einer anderen Person, die bei Ihnen Rat sucht, direkt und ganz klar zu sagen, wo das Problem liegt und wie es zu lösen ist? Dies ist uns immer dann möglich, wenn wir an der Situation emotional nicht beteiligt sind, es handelt sich nicht unser eigenes Problem, und so können wir klar denken, wir haben Zugang zu all unseren Ressourcen, unserem Wissen und den Erfahrungen, die wir im Laufe unseres Lebens gesammelt haben. Dadurch fällt es uns leicht, für andere eine Erfolg versprechende Strategie zu entwickeln.

Sicher kennen Sie aber auch das seltsame Gefühl, das man erlebt, wenn man sich bereits sehr lange mit einem Problem beschäftigt und sich große Sorgen macht und dann plötzlich, sozusagen mit einem Schlag, die Lösung vor Augen hat. Man fasst sich dann an die Stirn und ruft aus: „Natürlich! Das ist doch ganz klar! Warum bin ich nicht schon früher darauf gekommen?" Mit EFT können Sie solche Eingebungen immer dann erleben, wenn Sie sie brauchen und ohne dass Sie vorher lange innere Kämpfe austragen müssen.

Im Folgenden finden Sie vier Fallbeispiele aus diesem Bereich.

Werbeideen

Sharon war Heilerin und sah für sich keine Möglichkeit, neue Klienten zu werben, außer durch Empfehlungen zufriedener Klienten. Sie annoncierte regelmäßig in der Tageszeitung ihres Wohnortes, hatte damit jedoch nur wenig Erfolg. Schließlich entschloss sie sich, mit folgender Aussage zu klopfen: „..., auch wenn ich einfach nicht weiß, wie ich neue Klienten gewinnen könnte." Später berichtete Sie mir: „Innerhalb weniger Minuten schoss eine regelrechte Flut von Ideen durch meinen Kopf. Ich schrieb alle so schnell ich konnte nieder – für den Fall, dass ich sie wieder vergessen würde. Am Ende hatte ich mehr als dreißig Einfälle notiert. Ich setzte dann die drei den größten Erfolg versprechenden um und habe mittlerweile mehr Klienten, als ich behandeln kann. Das Erstaunlichste daran ist, dass all diese Ideen eigentlich auf der Hand lagen. Warum bin ich nicht früher darauf gekommen?“

So gescheit wie Einstein?

Danny erhielt von seinem E-Mail-Club ein Puzzle, das angeblich von Einstein persönlich zusammengesetzt worden war, mit der Aufgabe, es so schnell wie möglich zu lösen. Angeblich brachten nur 2 Prozent der Bevölkerung überhaupt die notwendigen Voraussetzungen mit, um die Aufgabe lösen zu können. Er mühte sich etwa eine halbe Stunde damit ab, dann entschloss er sich zu klopfen. Er berichtete: „Es war verrückt, ich hatte plötzlich ganz klar vor Augen, wie es ging. Ich ging zurück zu meinem Computer und gab die Lösung ein – und war einer der ersten drei Teilnehmer, die das Problem gelöst hatten.

Dieser besch… Computer!

Alex hatte eine Seite im Internet erstellt, die einfach nicht richtig funktionieren wollte. Er verbrachte drei Tage mit der Suche nach dem Problem, schrieb das Programm mehrmals neu und dennoch: Es funktionierte nicht! In dieser Situation brachte ihn seine Freundin dazu zu klopfen, denn sie konnte sein Fluchen nicht mehr ertragen. Ein einziger Klopfdurchgang genügte und eine winzige Kleinigkeit, die er aus unerfindlichen Gründen die ganze Zeit übersehen hatte, sprang ihm nun geradezu ins Auge – nämlich dass das Problem nicht bei ihm, sondern beim Server lag. Nach einem einfachen Telefonanruf lief die Seite tadellos.

Ein schrecklicher Teenager

Petra hatte große Schwierigkeiten mit ihrer Tochter, die im Teenageralter war. Diese war bereits mehrere Male von zu Hause ausgezogen und lebte zu dieser Zeit gerade mit einem Mann von zweifelhaftem Ruf zusammen; die Mutter war mit ihrer Weisheit am Ende. Also klopfte sie mit „..., auch wenn ich nicht weiß, was ich mit Tracy machen soll" und die Lösung kam auf direktem Wege zu ihr: Sie war zu ihrer Tochter nicht ehrlich gewesen, sondern hatte vorgegeben, in ihrem Alter ein sexuell enthaltsames Leben geführt zu haben, was von der Wahrheit meilenweit entfernt war. Diese Lüge stand zwischen ihnen wie eine riesige Mauer. Sofort nach dem Klopfen fuhr sie zu ihrer Tochter und Tracy lebt mittlerweile wieder zu Hause. Das Verhältnis zwischen Mutter und Tochter ist immer noch sehr gespannt, aber Petra kann mit ihrer Tochter nun auf einer ganz neuen, sehr viel produktiveren Ebene kommunizieren. –

Die Reihe der Beispiele ließe sich endlos fortsetzen. Immer wenn Sie in Ihrem Leben an einem Punkt angelangt sind, an dem Sie das Gefühl haben, vor einem unlösbaren Konflikt zu stehen, dann greifen Sie zu EFT. Haben Sie Ihren Stress und die Blockaden aus negativen Emotionen erst einmal aufgelöst, so ist die Wahrscheinlichkeit sehr viel größer, dass Sie die Lösung erkennen, die in Ihrem Innern schon bereitliegt.

An dieser Stelle soll nochmals darauf hingewiesen werden, dass es durchaus auch Probleme gibt, die Sie nicht für sich allein lösen können, die vergleichbar sind mit dem Versuch, sich selbst an den eigenen Haaren aus dem Sumpf zu ziehen. In solchen Fällen ist oft die Hilfe eines professionellen EFT-Anwenders oder die eines guten Freundes, dem Sie vertrauen, die einzige Möglichkeit, zu einer Lösung zu kommen. Ich empfehle daher dringend, dass sich jeder, der bei der Lösung eines Problems nicht vorankommt, bei einem anderen Hilfe holt.

Reiki

EFT und Reiki sind Methoden, die über den Ausgleich der Körperenergie positive Veränderungen jeder Art bewirken können.

Vor kurzem konnte ich als Beobachterin einer Sitzung beiwohnen, in der ein Reiki-Anwender die Reiki-Energie direkt über die Klopfpunkte in den Körper des Klienten schickte. Die Reaktion des Klienten gehörte zu den intensivsten, die ich bis dahin gesehen hatte: Ein einziger Durchgang mit einer Kombination aus Reiki und EFT und einem anschließenden Clearing nach dem Reiki-Verfahren bewirkte die vollständige Heilung einer Wunde, die der Klient bereits seit 30 Jahren mit sich herumgetragen hatte. Eine andere Reiki-Anwenderin berichtete mir, dass ihre Hände jedes Mal automatisch heiß würden, wenn sie bei sich selbst oder einer anderen Person mit dem Klopfen begänne – ein Zeichen dafür, dass Reiki-Energie fließt. Ein weiterer Reiki-Meister erzählte mir, dass er und andere Reiki-Meister EFT dafür eingesetzt hätten, eine Reihe von Blockaden zu lösen, die der Effektivität ihrer eigenen Fähigkeit im Wege gestanden hatten, als Medium für die heilende Energie zu wirken. Offensichtlich war es bei der ursprünglichen Reiki-Ausbildung zu Problemen gekommen, die Gefühle von Unglück und Zweifel verursacht hatten; nachdem diese negativen Emotionen aufgelöst worden waren, stellten die Reiki-Meister einhellig fest, dass sich ihr Fortschritt in wahren Quantensprüngen vollzog.

Die Anwendung von EFT kann in manchen Fällen allerdings auch zu einem vorübergehenden Ungleichgewicht im Energiesystem des Klienten führen. Nach einer EFT-Sitzung ist daher eine Reiki-Gesamtbalance hervorragend geeignet, um die Integration der Veränderungen beim Klienten zu beschleunigen und zu erleichtern und um darüber hinaus den „Apex-Effekt“ zu vermeiden. (Siehe „Begriffserläuterungen“ im Anhang.)

Schwierige Menschen

Eine Freundin behauptete kürzlich, dass sie sich mit Sicherheit nicht hätte scheiden lassen, wenn sie zu jener Zeit EFT bereits gekannt hätte. Diese Aussage ist in vielerlei Hinsicht außerordentlich interessant und wir wussten beide, dass sie völlig zutreffend war. Sie hatte ihren Mann in erster Linie deshalb verlassen, weil sie sich fast immer schlecht gefühlt hatte, wenn sie mit ihm zusammen gewesen war. Hätte ihr damals EFT zur Verfügung gestanden, so hätte sie die negativen Gefühle bearbeiten können, die der Ursache dafür waren.

Wie ist so etwas zu beurteilen? Wie bereits erwähnt, vertrete ich die Auffassung, dass wir nicht auf der Welt sind, um zu leiden, vor allem nicht ununterbrochen und über lange Zeit. Das Leben ist dafür zu schön und birgt zu viele wundervolle Geheimnisse. Leiden, vor allem fortdauerndes Leiden, scheint eine menschliche Eigenart zu sein; bei Tieren ist es nicht zu beobachten. Beseitigt man die Ursachen und damit auch das ständige Leiden, so sind unsere Gedanken positiv und klar und wir sind in der Lage, für unsere Probleme kreative Lösungen zu finden.

In Situationen, in denen es in erster Linie um menschliche oder Beziehungsprobleme geht, haben wir zwei Möglichkeiten, die uns sehr schnell wieder unser Gleichgewicht finden lassen. Zunächst können wir das zugrunde liegende Problem „so, wie es ist“, direkt bearbeiten, etwa folgendermaßen: „Ich akzeptiere mich voll und ganz, auch wenn James mich mit seinem endlosen Gejammer noch verrückt macht.“ Dies bewirkt in der Regel, dass Sie sich sofort besser fühlen.

Ein anderer, tiefer gehender Ansatz ist mit dem Stellvertreterklopfen vergleichbar: „Ich akzeptiere … voll und ganz, auch wenn er mich mit seinem Gejammer noch verrückt macht.“

Dies ist eine von Grund auf kraftvolle Aussage, die sich nicht nur auf Ihre eigenen Nervenverbindungen auswirkt, sondern häufig auch auf die Person, der man sagt, dass sie trotz menschlicher Verfehlungen und Unzulänglichkeiten geliebt und akzeptiert wird.

Falls wir aber schon lange und/oder ungewöhnlich schwer unter einer anderen Person leiden, kommt uns eine derartige Aussage häufig nicht über die Lippen, obwohl wir auf einer bewussten Ebene durchaus erkennen, dass wir damit einen großen Schritt hin zur Bewältigung des Problems mit der anderen Person tun könnten. Hier bietet sich eine Aussage an, die uns als Leidende der eigentlich angestrebten Aussage näher bringt: „Auch wenn ich in meinem Herzen keine Möglichkeit finde, diese Person ... zu lieben und zu akzeptieren, so liebe und akzeptiere ich mich selbst von ganzem Herzen“ oder „Ich liebe und akzeptiere mich zutiefst, auch wenn ich nicht imstande bin, diesen Menschen zu akzeptieren.“

Ist es möglich, mit einer dieser Aussagen einige Tage zu klopfen, so kommt vielleicht der Moment, an dem wir als Betroffene uns bereit fühlen, den nächsten Schritt zu tun: „Ich akzeptiere mich von ganzem Herzen, auch wenn ich erkenne, dass das Problem mit ... *mein Problem* ist.“ Diese Aussage setzt die Einsicht voraus, dass man nur sich selbst, nicht aber andere Menschen ändern kann. In manchen Fällen reicht dies aus, um ein Problem vollständig zu lösen; manche Menschen haben diese Art von Aussage, die ich als „Zurückfordern der eigenen Handlungsenergie“ bezeichne, als außerordentlich befreiend empfunden.

In dem Moment, in dem diese Menschen in Erwägung ziehen können zu verzeihen, wissen sie, dass sie ihr Problem mit einem anderen Menschen wirklich gelöst haben; oft stellen sie dann fest, dass es nichts mehr zu verzeihen gibt. Das zeigt, dass das Problem wirklich nicht mehr existiert.

Ich persönlich empfehle in solchen Fällen die Aussage: „Ich liebe und akzeptiere diese Person (Name) von ganzem Herzen, auch wenn diese Person (Name) dies und jenes (Vorwurf) getan hat.“ In diesem Bereich gehen wir damit an die Grenze des Fassbaren und ich habe dies mit gutem Erfolg mit Liebenden, Kindern, Eltern, Nachbarn, Kollegen Vorgesetzten und Geschäftspartnern praktiziert. In jedem einzelnen Fall fühlte sich derjenige, der klopfte, anschließend erleichtert, befreit, ausgeglichen, glücklich und zuversichtlich.

Spiritualität

Es ist eine Tatsache, dass nichts unsere natürliche Verbindung mit dem Universum im Allgemeinen und Gott im Besonderen effektiver unterbrechen kann als negative Emotionen. Selbst Klienten, die nicht auf Veränderungen in diesem Bereich hinarbeiten, machen als Folge der Auflösung von Ängsten, Spannungen und Stressoren häufig die Erfahrung, dass ihnen plötzlich die Augen für die Schönheit der Schöpfung geöffnet werden, wie es eine meiner Klientinnen sehr treffend formulierte.

Diejenigen unter Ihnen, für die Spiritualität ein wichtiges Thema im Leben ist, haben mit EFT ein hervorragendes Instrument an der Hand, mit dem sie alle Arten von Problemen und Konflikten lösen können.

Ein spiritueller Berater wünschte sich sehr, „Gottes Werk" zu tun, fühlte sich bei diesen Worten jedoch unwohl und verlegen, schüttelte dabei den Kopf und sagte im gleichen Atemzug: „Nein." Er klopfte mit der Aussage: „Ich möchte Gottes Werk tun" und dabei kam ihm der Gedanke, dass ein Teil seines Selbst ihn aufgrund einiger negativer Ereignisse in seinem Leben für vollkommen unwürdig hielt. Daraufhin klopfte er mit der Aussage, dass er unwürdig sei, Gottes Werk zu tun. Was sich nach dieser Sitzung ereignete, war außerordentlich bewegend, beeindruckend und erleichternd: Der Betreffende erfuhr eine völlig neue Ebene der Befriedigung aus seiner Arbeit und berichtete mir von einem tiefen Gefühl des Friedens und der Heilung, von dem sein ganzes Wesen durchdrungen sei.

Eine Klientin klopfte mit dem Satz: „Ich glaube nicht an Wunder." Sie hatte das Gefühl, dass ihr nur dann Wunder begegnen könnten, wenn sie wirklich daran glaubte. Eine andere Klientin klopfte mit „..., auch wenn ich nicht weiß, was ich tun muss, um Jesus näher zu kommen.“ Es stellte sich heraus, dass sie nichts tun musste außer zu akzeptieren, dass sie bereits so geliebt wurde, wie sie war. Der Moment, in dem sie dessen gewahr wurde, bedeutete einen Wendepunkt in ihrem Leben.

Als letztes Beispiel sei hier eine Klientin erwähnt, die Probleme mit einer Reihe von Themen hatte, die mit ihrer Rolle als Frau zusammenhingen, und die an einem Punkt wütend ausrief: „Natürlich, nicht einmal Gott mag Frauen.“ Sie war religiös erzogen worden in dem Glauben, dass Frauen unrein seien, keine offiziellen religiösen Handlungen ausführen dürften und noch nicht einmal religiöse Gegenstände berühren oder sich in der Nähe des Altars aufhalten dürften. Sie klopfte mit dieser Aussage, fand Heilung in vielerlei Hinsicht und kam auch bei der Lösung ihrer Probleme, die sie als Frau hatte, ein großes Stück voran.

Sport

Wo liegt der Unterschied zwischen einem Siegerpferd und einem, das beim Rennen immer nur die hinteren Plätze belegt? Auch nach einem Rennen über eine längere Strecke beträgt der Unterschied in der Regel höchstens eine halbe Pferdelänge.

Ich habe EFT bei vielen Sportlern der unterschiedlichsten Disziplinen angewandt und dabei festgestellt, dass es die Leistungen – unabhängig von der Sportart – enorm verbesserte.

Nehmen wir zum Beispiel Golf. In dieser Sportart ist die Anwendung von EFT inzwischen so populär, dass bereits ein Zusammenschluss von Golfspielern und EFT-Anwendern gegründet wurde, die sich über ihre Erfahrungen und Erfolge austauschen; Golfspieler sind sich nämlich ganz besonders der Tatsache bewusst, dass unsere mentale Verfassung über das Ergebnis eines Turniers entscheidet – sie behaupten sogar, dass Golf im Kopf gespielt werde.

Im Folgenden finden Sie eine Reihe von Beispielen. Auch wenn Sie nicht Golf spielen, sollten Sie diese im Hinblick auf die zugrunde liegenden Prinzipien lesen; diese gelten nämlich überall dort, wo Menschen antreten, um in einem bestimmten Moment, auf Kommando, die bestmögliche Leistung zu erbringen.

Steve, beruflich im Rechnungswesen tätig, war ein recht guter Golfspieler, aber nach seinen eigenen Worten war das Spielen mit Holzschlägern für ihn hoffnungslos. Wir brauchten drei Durchgänge mit EFT, um herauszufinden, dass sein erster Lehrer ständig davon gesprochen hatte, wie schwierig Holzschläger zu spielen seien, weil sie länger und weniger genau seien. Nachdem wir dies aufgelöst hatten, schlug er einen Ball nach dem anderen, kerzengerade. Er brauchte allerdings 20 Bälle, bevor auch er davon überzeugt war, dass sein Problem tatsächlich gelöst war.

Peter, ein außerordentlich talentierter Profispieler, hatte folgendes Problem: Lief bei einem Turnier von Anfang an alles gut, konnte er in der Regel gewinnen. Machte er jedoch auch nur den geringsten Fehler, dann ging er innerlich sofort hart mit sich ins Gericht und sein Spiel wurde immer schlechter. Es überrascht nicht, dass sich die Situation von Turnier zu Turnier immer weiter zuspitzte, dass er immer stärker unter Anspannung stand, immer mehr dazu neigte, Fehler zu machen. Er war einer der Fälle, die zunächst mit der Aussage klopfen mussten: „Ich akzeptiere mich von ganzem Herzen, auch wenn ich mich selbst nicht akzeptieren kann" – die Wurzel seines Problems war, dass er alles, was er tat, perfekt tun wollte. Nachdem wir dieses Thema erfolgreich aufgelöst hatten, verbesserten sich nicht nur sein Spiel und damit auch seine Ergebnisse; er fand nun außerdem Freude an den Turnieren.

Das folgende Fallbeispiel illustriert einen völlig anderen Aspekt desselben Problems: Jenny bildet Jagdhunde aus und präsentiert diese bei speziellen Prüfungen. Es handelt sich hierbei um eine äußerst komplexe Sportart, bei der es nicht nur darauf ankommt, dass der Hund hervorragend ausgebildet wird – er muss in der Lage sein, eine ganze Reihe unterschiedlicher Aufgaben auszuführen, ohne sich ablenken zu lassen, vom Schwimmen über Fährtenlesen bis zum Aufspüren und Apportieren. Aber auch der Hundeführer muss am Tag der Prüfung seine Emotionen unter Kontrolle haben und dem Hund genauso gegenübertreten wie während des Trainings. Bei Jenny und ihren Hunden verhielt es sich nicht anders als in jeder anderen Sportart: Auf ihrem Ausbildungsplatz arbeiteten die Tiere hervorragend, aber bei der Prüfung war das nicht mehr so.

Jenny klopfte mit einer ganzen Reihe von Themen, angefangen bei ihrer Nervosität den Prüfern gegenüber, des weiteren für ihre Sorge, was wohl die Zuschauer denken würden, bis hin zu den Zweifeln an den Hunden und an ihrer eigenen Ausbildungsmethode. All dies half ihr sehr, es stellte sich jedoch keine entscheidende Veränderung ein, außer dass sie die Ereignisse mehr genießen konnte. Eines Tages wurde ihr plötzlich klar, dass der Grund die folgende, seit ihrer Kindheit tief verankerte Überzeugung war: „Ich werde nie zu den Gewinnern gehören." Sie klopfte mit diesem Satz und bei der nächsten Prüfung lieferten ihre Hunde absolute Spitzenleistungen; daran hat sich seither nichts mehr geändert.

Um welchen Sport es sich auch handeln mag, EFT öffnet jedem von uns die Tür zu mehr Klarheit der Gedanken und besserer Konzentration auf das Ziel, wie es bisher nur Spitzensportlern nach langjährigem mentalem Training und eiserner Disziplin möglich war.

Sucht(drang)

Es gilt mittlerweile als erwiesen, dass bei jeder Art von Sucht – sei es, dass man süchtig ist nach bestimmten Aktivitäten wie Glücksspiel, Sport oder Chatten im Internet, nach den unterschiedlichsten Substanzen, und egal oder ob die Sucht zum Beispiel in Form einer Essstörung auftritt oder wie auch immer – nicht die Sucht als solche das Problem darstellt, sondern dass es sich dabei nur um den Versuch handelt, eine tiefe, grundlegende Angst zu bewältigen.

Bei der Loslösung von einer Sucht gibt es viele Ebenen und Anwendungsmöglichkeiten, wo EFT wertvolle Unterstützung bieten kann. Auf der grundlegenden Ebene geht es dabei um die Verringerung oder Ausschaltung des Suchtdrangs. Bei seinen Seminaren lässt Gary Craig seine Teilnehmer anhand von Schokolade selbst die Erfahrung machen, wie das Verlangen nach einer ungesunden Substanz mit Hilfe des Klopfens ausgeschaltet werden kann. Menschen, die viele Jahre gegen den Suchtdrang nach Schokolade gekämpft haben, stellen dann zu ihrem großen Erstaunen fest, dass sie keine Schokolade mehr essen wollen und außerdem sogar weder den Geruch noch den Geschmack mögen. Eine kleine Minderheit macht diese Erfahrung beim ersten Versuch: Nach nur einem Klopfdurchgang für den Suchtdrang nach der betreffenden Substanz brauchen sie diese nie mehr.

Für andere ist das Loskommen nicht ganz so einfach. Der Suchtdrang kann nach einer gewissen Zeit wieder auftreten und viele versuchen dann interessanterweise nicht mehr, das Problem mit EFT zu lösen.

In einem meiner Seminare klopfte eine Teilnehmerin, um ihren Suchtdrang nach Zigaretten loszuwerden – sie hatte sofort anschließend eine Panikattacke, ausgelöst durch den tief verwurzelten Glauben, dass sie ohne Zigaretten mit ihrem Leben nicht zurechtkommen könne. Diese Teilnehmerin musste mit einer ganzen Reihe von Aussagen arbeiten, um diese lebenslang bestehende Sucht aufzulösen (es stellte sich heraus, dass sie erst dann mit dem Daumenlutschen aufgehört hatte, als sie anfing zu rauchen). Viele dieser unterschiedlichen Aspekte drehten sich um die Angst, dass sie ohne ihre Zigaretten sterben würde. In diesem Fall war nicht der Suchtdrang das Hauptthema und erst als die anderen Themen gelöst und ihre Ängste verschwunden waren, hatte sie den Punkt erreicht, an dem sie EFT „erlauben“ konnte, ihr bei der Ausschaltung ihres Suchtdrangs zu helfen.

In diesem Zusammenhang ist auch die Beobachtung interessant, dass viele Menschen, die täglich mit dieser Methode die unterschiedlichsten Probleme bearbeiten, sich nicht dazu entschließen, die Methode bei ernsten Suchtproblemen (wie Alkohol-, Nikotin-, Ess- oder Arbeitssucht) einzusetzen. Sie erken-nen zwar das Problem auf der bewussten Ebene und treffen vielleicht sogar mehrfach bewusst die Entscheidung, das Klopfen zu nutzen. Stehen Sie dann jedoch vor der konkreten Situation, in der die Anwendung sinnvoll wäre, halten sie es plötzlich für wichtiger die Blumen zu gießen, Telefonate zu erledigen oder irgendetwas anderes zu tun. Dies ist kein Charakterfehler, sondern einfach ein Hinweis darauf, dass schon allein der Gedanke daran, das Problem in Angriff zu nehmen, auf *massiven inneren Widerstand* stößt. (Siehe hierzu auch in Teil I im Kapitel „EFT längerfristig anwenden“ unter „Psychische Umkehrung“ sowie unter „Willensstärke“ in diesem Teil des Buches.)

Nach meiner Erfahrung ist es sinnvoll, sich in diesem Zusammenhang selbst zu unterstützen, indem man etwa eine Woche lang täglich mit der folgenden Aussage klopft: „Ich akzeptiere mich voll und ganz, auch wenn ich diese Sucht nicht aufgeben will / nicht abnehmen will / nicht mit dem Rauchen aufhören will / nicht körperlich fit werden will.“

Auf diese Weise werden tief sitzende Ängste gelöst, gleichzeitig werden die Hauptwiderstände immer dann an die Oberfläche gebracht, wenn wir bereit sind, sie sanft aufzulösen.

Speziell bei Suchtverhalten sind auch Aspekte der persönlichen Identität mit betroffen. Bevor man sich der Sucht als solcher zuwendet, ist daher häufig eine gewisse Vorarbeit sinnvoll und nützlich: „Wie fühle ich mich mit diesem Problem?“ Fragen dieser Art tragen zu einer Klärung bei und ebnen den Weg für ein erfolgreiches Auflösen des Hauptproblems.

Das Klopfen für die zugrunde liegenden Ängste ganz allgemein und eine zunehmende Sensibilisierung gegenüber den Zeichen, die auf ein Aufsteigen der Ängste hinweisen, macht häufig ebenfalls den Weg frei, trägt zu einer Loslösung von Süchten bei und ist daher in diesem Zusammenhang sehr hilfreich. Man kann auf diese Art an den subjektiv wahrgenommenen, positiven Aspekten von Süchten arbeiten. Eine Aussage wie etwa „…, auch wenn die einzige Zeit, in der ich mich wirklich glücklich fühle, die ist, wenn …“ kann dazu beitragen, unerwünschte positive Gefühle im Zusammenhang mit dem Suchtverhalten und den jeweiligen Substanzen auszuschalten. (Siehe hierzu auch unter „Primärgewinne“ in diesem Teil des Buches.)

Letztendlich ist es von zentraler Bedeutung für die Bearbeitung jeden Suchtverhaltens, dass die Ursachen für das Entstehen der Ängste hinter der Sucht aufgespürt und aufgelöst werden.

Telefonsitzungen

Sobald Sie selbst das EFT-Verfahren erlernt haben, können Sie es anderen Menschen auch per Telefon vermitteln. Es wurde mir von vielen Seiten immer wieder bestätigt, dass diese Möglichkeit sehr hilfreich sein kann, und zwar sowohl für Therapeuten, die damit bettlägerige, ans Haus gefesselte Menschen behandeln können oder sogar Klienten, die eine Haftstrafe verbüßen, als auch für Menschen, die damit Freunden und Verwandten helfen können, die nicht in ihrer Nähe wohnen.

Wie in jeder Sitzung muss der Klient am Telefon zunächst lernen, wo die Klopfpunkte liegen und wie sie geklopft werden müssen. Einige Therapeuten versenden zu diesem Zweck vor der telefonischen Beratung Abbildungen, auf denen die Punkte eingezeichnet sind, um damit die Zeit für langwierige Erklärungen zu sparen und um dem Klienten eine Vorlage zu geben, auf die er die Anweisungen beziehen kann, die er während des Telefonats vom Therapeuten erhält. Es ist jedoch auch in Ordnung zu *beschreiben*, wo die Punkte liegen; dies nimmt allerdings mehr Zeit in Anspruch.

Es kann auch hilfreich sein, zunächst an der Stelle des Telefonhörers zu klopfen, wo sich das Mikrofon befindet und den Zuhörer am anderen Ende der Leitung zu bitten, dasselbe zu tun; dadurch erhält man einen Eindruck davon, wie schnell und wie stark er klopft. Diese Methode eignet sich sehr gut, um die Kraft, mit der geklopft wird, angemessen zu dosieren, denn manche Menschen klopfen so stark, dass man schon fast von „Schlägen“ sprechen kann, und andere wiederum legen nicht genügend Energie hinein.

Der zweite Abschnitt einer Telefonsitzung unterscheidet sich nicht entscheidend von einer persönlichen Sitzung; hier wird das Problem besprochen und der Therapeut hört aufmerksam zu, um aus den Schilderungen seines Klienten die Aussagen herauszuhören, die später als Eröffnungsaussagen für das Klopfen verwendet werden können. Selbst wenn man zuvor noch nie bewusst darauf geachtet hat, ist es erstaunlich, wie viel man aus dem Atemrhythmus und aus Veränderungen des Tonfalls über die Befindlichkeit eines Menschen erfahren kann. Jeder EFT-Anwender, der regelmäßig Telefonsitzungen abhält, weiß, wie sehr dadurch die Wahrnehmungsfähigkeit für diese Dinge geschärft wird und dass die Hinweise in manchen Fällen akustisch viel unmittelbarer und genauer wahrnehmbar sind als visuell.

Im dritten Abschnitt einer Telefonsitzung erklärt man dem Klienten den Ablauf des Verfahrens und gibt entsprechende Anweisungen. Auch hier weisen zum Beispiel tiefe Seufzer, Weinen oder aber ein Versiegen der Tränen, Gähnen oder ein neuer Klang oder Unterton in der Stimme darauf hin, dass energetische Veränderungen im Gang sind. Diese brauchen häufig etwas Zeit und es ist daher sehr wichtig, dass man nicht zur Eile drängt. Probleme, die seit langer Zeit bestehen, haben viele unterschiedliche Aspekte.

Der letzte Schritt besteht in der Überprüfung der Veränderung. Dies kann mit Hilfe der VOC- oder SUD-Skala geschehen, indem man die betreffende Person darum bittet, die Veränderung zu bewerten; da wir mittlerweile fast alle über Mobiltelefone verfügen, können Veränderungen auch in der Realität auf die Probe gestellt werden, indem der Klient – etwa bei einer Spinnenphobie – in eine Tierhandlung geht und den Therapeuten für alle Fälle in der Telefonleitung hat.

Therapeuten

Als Therapeut wird man jahraus, jahrein Tag für Tag mit den Sorgen und Krankheiten vieler Menschen konfrontiert und es ist ein bekanntes Phänomen, dass diese negativen Energien auch den Therapeuten erfassen können. EFT hält eine Reihe von Möglichkeiten bereit, mit denen Therapeuten derartige Erschöpfungserscheinungen bekämpfen können. Ich empfehle diesen Abschnitt jedoch auch allen Lesern, die keine Therapeuten sind. Sie haben zweifellos Bekannte, Freunde, Kollegen oder Familienmitglieder, die Sie nach einer Sitzung oder einem Treffen ausgelaugt, erschöpft oder verärgert zurücklassen.

1. Zu wenig Energie

Sollten Sie sich nach dem Kontakt mit einer solchen Person ausgelaugt fühlen, so können ein oder zwei Klopfdurchgänge Ihr Energieniveau wieder anheben und Ihnen Ihre geistige Frische wiedergeben. Benutzen Sie dazu Eröffnungsaussagen wie „Ich liebe und akzeptiere mich vollständig und mein Körper, mein Geist und meine Seele sind heil und gesund." Es könnte auch interessant sein herauszufinden, warum es Ihnen immer mit bestimmten Leuten so ergeht und was Sie tun könnten, um dem Einhalt zu gebieten; eine Frage oder eine nachforschende Aussage wie etwa: „…, auch wenn ich nicht weiß, wie ich mich vor Energieräubern und Vampiren schützen soll" kann Sie hier auf die richtige Spur bringen.

2. In Resonanz mit dem Problem (Projektion)

In manchen Fällen konfrontiert der Klient Sie, den Therapeuten, mit einem Problem, das bei Ihnen auf Resonanz stößt. Vielleicht haben Sie genau dieses Problem in der Vergangenheit bereits einmal selbst durchlebt oder aber Sie stellen im Gespräch und in der Arbeit mit dem Klienten fest, dass Sie ein ähnliches Problem haben, das ebenfalls noch nicht gelöst ist. Es kann auch vorkommen, dass Sie an sich selbst eine starke körperliche Reaktion im Magen-Darm-Bereich auf das Problem des Klienten verspüren; dies ist immer ein Hinweis darauf, dass bei Ihnen ein ähnliches Thema darauf wartet, bearbeitet zu werden. Wenn sich der Klient nach der Sitzung verabschiedet hat und Sie allein sind, klopfen Sie einen Durchgang zu dem Thema, das Ihnen auf diese Weise deutlich wurde. Dies wird Ihnen in der Regel weiterhelfen. Auf diese Weise können sich Therapeuten selbst „heilen", denn jeder Klient wird zu einem Spiegel, mit dessen Hilfe Sie herausfinden können, welche Probleme Sie bei sich selbst noch lösen müssen.

3. Starke persönliche Gefühle (Übertragung)

Starke persönliche Gefühle von Zu- oder Abneigung stellen grundsätzlich Hindernisse für jede Art therapeutischer Arbeit dar. Bedingungslose, von Herzen kommende Liebe für den Klienten fällt hingegen nicht in diese Kategorie, da dies weniger ein Gefühl ist als vielmehr das, was aus dem Herzen einer ruhigen und zentrierten Persönlichkeit fließt. EFT bietet uns die Möglichkeit, diesen geistigen Zustand künftig wesentlich leichter zu erreichen. Empfinden Sie Gefühle von Hass gegenüber Ihrem Klienten, fühlen Sie sich von der Person oder ihrem Problem abgestoßen oder finden Sie – ganz im Gegenteil – Ihren Klienten ungewöhnlich attraktiv, so sollten Sie sich die Zeit nehmen, gleich im Anschluss an die Sitzung das zugrunde liegende Thema für sich selbst zu bearbeiten. Diese Vorgehensweise ist nicht nur außerordentlich heilsam, sondern kann zu tiefen Erkenntnissen führen und dadurch zum größten Geschenk werden, das ein Klient von seinem Therapeuten erhält.

4. Helfersyndrom

Dieses Stichwort beschreibt das Phänomen, dass der Therapeut (oder der Freund oder die Mutter!) sich entmutigt oder enttäuscht fühlt oder sogar verärgert reagiert, wenn der Klient nicht den entsprechenden und beabsichtigten Nutzen aus der Behandlung oder Beratung ziehen kann. Es gibt viele Gründe dafür, dass bei manchen Menschen einfach keine Veränderungen möglich zu sein scheinen (in diesen Fällen sowie bei einigen ganz grundlegenden Themen sollte immer auch eine psychische Umkehrung in Erwägung gezogen werden). Tatsache ist jedoch auch, dass Therapeuten deshalb Therapeuten sind, weil sie Menschen helfen wollen, weil sie heilen wollen, und es bringt viele von ihnen zur Verzweiflung, wenn sie alles in ihrer Macht stehende getan haben und der Klient dennoch nicht so darauf reagiert, wie er sollte.

In diesem Zusammenhang wird viel davon gesprochen, dass jeder Mensch sich im Grunde nur selbst heilen kann, dass er seinen eigenen Weg finden muss, dass jeder sein Schicksal selbst in der Hand hat – letztendlich fühlen sich dennoch viele Therapeuten sehr unglücklich, wenn sie keine „Resultate“ sehen. EFT kann all denjenigen helfen, die mit diesem speziellen Problem kämpfen, sie kann den ständigen Druck von ihnen nehmen, „heilen zu müssen wie Jesus“ und ihnen wieder die Geduld und Zuversicht zurückgeben, dass im Grunde alles von einer höheren Macht gelenkt wird. Nehmen Sie sich deshalb nach den Sitzungen fünf Minuten Zeit für sich selbst und arbeiten Sie auf, was mit Ihnen geschehen ist. Sie werden sehen, dass dies Ihre Arbeit, Ihr Energieniveau und Ihre Freude an dieser Arbeit auf eine andere Grundlage stellt.

Träume

Albträume

Schlechte Träume und Albträume sind sehr störend, man sollte sich jedoch bewusst machen, dass sie immer Manifestationen oder Symptome eines tiefer liegenden Problems und nie das eigentliche Problem sind. Es gibt verschiedene Wege, mit ihnen umzugehen. Zunächst besteht die Möglichkeit, vor dem Schlafengehen zu klopfen und dabei dem Wunsch nach einem tiefen und erholsamen Schlaf Ausdruck zu verleihen, etwa wie folgt: „Ich möchte tief und fest schlafen und ich akzeptiere mich voll und ganz." Es kann sein, dass dabei Einwände auftauchen oder sogar Gefühle von Furcht oder Ungläubigkeit. Sie haben die Möglichkeit, auch diese zum Thema einer Klopfsequenz zu machen, etwa so: „…, auch wenn ich Angst vor einem Albtraum habe." Oder: „…, auch wenn etwas meinen Schlaf stört."

Die wirkungsvollste Methode, mit ganz bestimmten, immer wiederkehrenden schlechten Träumen zu arbeiten, ist, mit den Gefühlen, Empfindungen und Erfahrungen aus den Träumen zu klopfen, als wären sie Erinnerungen an tatsächliche Erlebnisse, wie etwa: „…, auch wenn ich weiß, dass mich das Ungeheuer töten wird."

So besteht die Möglichkeit die Probleme zu klären, ohne dass die zugrunde liegenden Themen auf der bewussten Ebene bearbeitet werden müssen; dies kann besonders dann sehr hilfreich sein, wenn die Angelegenheit, auf die sich die Träume beziehen, sehr stressbesetzt ist oder aus unterdrückten Erinnerungen an traumatische Erlebnisse herrührt.

Ist es aber wichtig, die Ursachen für die Albträume zu erfahren, so sollte mit dem Ziel geklopft werden, diese Einsichten zu gewinnen, etwa: „…, auch wenn ich nicht weiß, was das Monster zu bedeuten hat." Sollten Sie sich dafür entscheiden, mit diesem Ansatz zu arbeiten, so seien Sie nicht enttäuscht, wenn Ihnen die Ursachen während des Klopfens oder unmittelbar danach nicht sofort klar werden. Neue Verknüpfungen werden häufig erst am folgenden Tag oder zwei Tage später oder sogar erst in Ihrem nächsten Traum hergestellt. Die Eröffnungsaussage in Form von „Ich weiß nicht, …“, verhilft häufig zu den gewünschten Einsichten; in manchen Fällen bestehen jedoch noch andere Blockaden, die zuerst gelöst werden müssen. Achten Sie daher immer auch auf andere Probleme, die Ihnen spontan einfallen, auch wenn zunächst kein unmittelbarer Zusammenhang erkennbar sein sollte. Derartige Gedanken und Einfälle sind häufig „Vorformen“ von Erinnerungen und führen Sie zu Ihrem Ziel.

In manchen Fällen sind die Ereignisse, die die Albträume verursachen, bereits bekannt oder es konnte eine zeitliche Verbindung zwischen dem Auftreten der Albträume und einem bestimmten Ereignis (wie etwa dem Verlust eines geliebten Menschen, einem Umzug oder einer anderen traumatischen Erfahrung) hergestellt werden. Löst man in diesen Fällen die zugrunde liegende Ursache durch Klopfen auf, so verschwinden damit in der Regel auch die Albträume, weil sie keine Funktion mehr haben.

Sollten Sie während der Nacht oder am darauf folgenden Morgen mit negativen Gefühlen erwachen, die ein Überbleibsel der schlechten Träume sind, so eröffnet sich dadurch die Möglichkeit, an der am stärksten empfundenen Emotion zu arbeiten, ob es sich dabei um Angst oder gar Grauen, um Panik oder Verzweiflung oder um irgendeine andere Emotion tief in Ihrem Inneren handelt. Klopft man mit diesem speziellen Gefühl, solange es noch gegenwärtig ist und man es noch deutlich wahrnimmt, so können auch dadurch die den schlechten Träumen zugrunde liegenden Ursachen aufgelöst werden.

Bei kleinen Kindern und anderen Menschen, die aus irgendeinem Grund nicht selbst klopfen können, kann es sehr hilfreich sein, wenn ein Stellvertreter nach einer der soeben vorgestellten Arten für den Betreffenden klopft. Ich kenne drei Anwender, die mit Hilfe dieses Stellvertreterverfahrens ihre Kinder erfolgreich von schlechten Träumen befreit haben; nur eine von ihnen kannte die zugrunde liegende Ursache und klopfte direkt damit, die anderen beiden benutzten sehr einfache Eröffnungsaussagen, wie etwa: „Ich liebe und akzeptiere ... zutiefst, auch wenn sie/er schlecht träumt."

Hellsichtiges Träumen, sich an die eigenen Träume erinnern und schöne Träume

Nach Albträumen tut man sich am darauf folgenden Tag in der Regel schwerer als gewöhnlich; schöne Träume dagegen können den folgenden Tag besonders angenehm und hell erscheinen lassen. Versuchen Sie doch einmal, mit ein oder zwei Klopfdurchgängen dem Wunsch nach einem besonders schönen Traum Ausdruck zu verleihen, der Sie mit dem Quell des Glücks, der Kreativität, der Liebe und der Begeisterung verbindet. Diese Möglichkeit ist durchaus einen Versuch wert, auch wenn Sie bereits sehr gut schlafen.

So zu träumen kann gefördert werden, indem Sie bestehende Widerstände durch Klopfen auflösen. Sie können dabei eine Eröffnungsaussage verwenden wie: „..., auch wenn ich nicht weiß, wie ich mein hellsichtiges Träumen oder meine Fähigkeit, mich an meine Träume zu erinnern, verbessern kann" oder einschränkende Überzeugungsmuster etwa mit einem der folgenden Sätze auflösen: „..., auch wenn ich mich nicht so leicht an meine Träume erinnern kann." – „Ich habe Angst vor dem, was ich über mich selbst erfahren würde, wenn ich mich an meine

Träume erinnern könnte." – „Nur Menschen mit besonderen Fähigkeiten können hellsichtiges Träumen lernen."

Abschließend gebe ich Ihnen ein Fallbeispiel zu diesem Thema:

Der „Fliegenmeister"

Eine meiner Klientinnen hatte während der vergangenen fünf Jahre unter einem immer wieder kehrenden Albtraum gelitten. Eine dunkle und Furcht erregende Erscheinung, die keine menschlichen Züge hatte, ließ jedes Mal Schwärme von schwarzen Fliegen auf sie los, die durch ihre Ohren in ihr Gehirn eindrangen. In diesen Träumen rannte sie jedes Mal um ihr Leben und versuchte verzweifelt, sich gegen die Fliegen zu verteidigen. Schließlich wurde sie dennoch von den Fliegen überwältigt und diese begannen, in ihre Ohren zu kriechen. An diesem Punkt erwachte sie immer schreiend und schweißgebadet.

Sie hatte noch nie zuvor mit irgendjemandem über diesen Traum gesprochen aus Furcht, für verrückt gehalten zu werden. Während sie mit mir darüber sprach, begann sie zu weinen, sie zitterte und es war deutlich zu erkennen, dass sie äußerst erregt war.

Im ersten Durchgang klopfte sie mit der Formulierung „..., auch wenn ich schreckliche Angst vor dem Fliegenmeister habe." Dabei beruhigte sie sich bereits sichtlich und gähnte mehrmals. Ein weiterer Durchgang thematisierte ihr Gefühl von Hilflosigkeit und rief weiteres Gähnen hervor; anschließend war sie sehr entspannt und ruhig. Dann kam ihr spontan der Gedanke, dass zwischen den Albträumen und einem Partner, mit dem Sie bis vor fünf Jahren zusammengelebt hatte, ein Zusammenhang bestehen könnte. Dieser Partner hatte sich für

Okkultismus und schwarze Magie interessiert und bei mehreren Gelegenheiten damit gedroht, dass „er sie schon noch kriegen würde und dass es dann keinen Platz geben würde, an dem sie sich verstecken könnte". Und so klopfte sie mit der Aussage „…, auch wenn ich nicht glaube, dass ich mich vor körperlichen Angriffen schützen kann", bis sie das Gefühl hatte, ihrem Unbewussten vertrauen zu können: Es würde sie hervorragend beschützen.

Daraufhin hörten die Albträume auf und kamen nie wieder; auch in diesem Fall war es ohne Bedeutung, ob ihre Befürchtungen real oder unbegründet waren. Wichtig war, dass sie durch das Klopfen von etwas befreit wurde, das man als „posthypnotische Suggestion" ihres ehemaligen Partners bezeichnen könnte und das sie von dem Zeitpunkt an verfolgt hatte, an dem sie es gewagt hatte, ihn zu verlassen.

Überprüfung des Ergebnisses

Will man die in der Sitzung erzielten Erfolge überprüfen, so muss eine Möglichkeit gefunden werden, das Ergebnis auf die Probe zu stellen und dabei herauszufinden, wie gut das Problem gelöst werden konnte; dieses Überprüfen ist von grundlegender Bedeutung, ob Sie nun an sich selbst, mit einem Freund oder mit einem Therapeuten arbeiten. Es bestätigt uns einerseits, dass das Thema erfolgreich abgeschlossen werden konnte, und hilft uns andererseits, die Veränderung bewusst wahrzunehmen. Energetische Verfahren sind sehr schnell in ihrer Wirkung. Häufig ist die betreffende Person bereits vollständig balanciert, *kann aber nicht daran glauben*, dass ein seit vielen Jahren existierendes Problem plötzlich wirklich verschwunden ist.

So erging es einigen meiner Klienten, mit denen ich an einem bestimmten Thema gearbeitet hatte und die mir anschließend bestätigten, dass sie sich wesentlich wohler fühlten. Nach einigen Wochen sprach ich sie nochmals auf das Thema an und musste feststellten, dass sie noch immer nicht den Versuch unternommen hatten, das zu tun, was sie mit mir bearbeitet hatten, weil es ihnen eigentlich gut ging und sie sich selbst nicht enttäuschen wollten, falls das Problem doch wieder auftreten sollte. In jedem dieser Fälle konnte ich die betreffende Person dazu ermuntern, den Versuch zu wagen und das zu tun, was in ihnen so große Angst ausgelöst hatte; dabei wies ich sie gleichzeitig an, bei den geringsten Anzeichen für ein erneutes Aufkeimen der Angst den Versuch sofort einzustellen. Von fünf meiner Klienten berichtete lediglich einer, dass die Angst wieder aufgetreten sei; die vier anderen stellten zu ihrem größten Erstaunen fest, dass das Problem tatsächlich verschwunden war und dass sie nicht nur Dinge tun konnten, die sie zuvor nicht für möglich gehalten hatten, sondern dass sie sogar Freude daran hatten.

In diesem Zusammenhang ist es wichtig Folgendes zu wissen: Bei einer derartigen Überprüfung bedeutet ein Fehlschlag nicht, dass die Methode nicht funktioniert; es handelt sich lediglich um den Hinweis, dass für eine vollständige, dauerhafte Auflösung des Problems noch weitere Aspekte bearbeitet werden müssen.

Einer meiner Klienten, ein Maler, hatte große Angst davor, die Besitzer von Galerien oder Kunsthandlungen darauf anzusprechen, ob sie seine Bilder ausstellen oder kaufen wollten. So setzte er EFT zu Hause für sich selbst ein, um diese Angst aufzulösen. Er bearbeitete in diesem Zusammenhang viele unterschiedliche Themen, die unter anderem mit der Angst vor Zurückweisung, mit der Angst, einer Autorität gegenübertreten zu müssen, sich selbst zu verkaufen oder der Angst vor Erfolg zusammenhingen. Er stellte jedoch immer wieder fest, dass seine Angst, bei den Galeristen vorzusprechen, noch immer nicht verschwunden war. So begann er an der Wirksamkeit der Methode zu zweifeln, obwohl sie ihm in anderen Fällen bereits zuverlässig geholfen hatte. (Anmerkung: Wenn Sie EFT anwenden, dann wirkt es auch. Immer. Bei jedem Thema. In manchen Fällen bedarf es lediglich ein wenig Ausdauer oder Unterstützung von einer anderen Person. Zeigt die Methode bei *einem* Thema Wirkung, nicht jedoch bei einem anderen, so haben Sie noch nicht den richtigen Ansatz gefunden oder es bestehen noch Vorbehalte gegen das Loslassen des Problems, die noch berücksichtigt werden müssen.)

Ich bat den Maler also, die Situation in Gedanken Schritt für Schritt durchzugehen: Von dem Moment, in dem er eine Galerie betreten würde, bis zu dem entscheidenden Gespräch mit dem Galeristen oder Besitzer. Dabei stellte sich heraus, dass er einen wichtigen Aspekt vergessen hatte, nämlich die Zeit, in der er vielleicht würde warten müssen, während der Eigentümer damit beschäftigt wäre, mit Kunden ein Geschäft abzuwickeln. Er hatte Angst vor dieser Wartezeit, dass er unbeschäftigt herumstehen und dabei immer nervöser werden würde. Daraufhin lösten wir jedes Gefühl von Verlegenheit und Angst auf – und beseitigten damit das letzte Hindernis auf dem Weg zum Erfolg: Nach dieser Sitzung stürmte er geradezu die Galerien und Kunsthandlungen.

Sollten Sie mit einem Therapeuten arbeiten, so sollten Sie das Ergebnis mit ihm zusammen in dem Umfang überprüfen, den die Umstände zulassen; in der Regel geschieht dies dadurch, dass sich der Klient die Situation vorstellt, die ihm normalerweise Probleme bereitet, und der Therapeut ihn so weit wie möglich darin unterstützt herauszufinden, ob noch irgendwelche negativen Emotionen vorhanden sind. Diese Technik ist eine Form des Visualisierens (engl.: *MindWalk*) und in der Regel sehr genau, wenn auch nicht so überzeugend wie die tatsächliche Situation. Sollten Sie allein arbeiten, *vergessen Sie nicht, sich selbst zu testen.* Dies ist ein sehr wichtiger Teil des Verfahrens und von großer Bedeutung für Sie, weil Sie nur auf diesem Weg sicher sein können, dass das Problem tatsächlich auf allen Ebenen aufgelöst wurde.

Unterschiedliche Teile der Persönlichkeit

Ist jemand über die Maßen in innere Konflikte, Kämpfe und Elend verstrickt, so drängt sich mir jedes Mal unwillkürlich der Gedanke auf, dass die menschliche Natur aus unterschiedlichen „Einzelteilen“ bestehen könnte. Diese unterschiedliche Teile, aus denen sich unsere Persönlichkeit zusammensetzt, haben je nach theoretischem Ansatz unterschiedliche Bezeichnungen, wie etwa „das innere Kind“, „Vater/ Mutter – Kind – Erwachsener“, „Neuronenverbindungen, die abweichende Strategien verfolgen“ und andere mehr. Dabei geht es im Grunde um das weit verbreitete Phänomen, dass bestimmte Teile von uns nicht immer mit anderen Teilen einer „Meinung“ sind.

Meine Erfahrung hat mir gezeigt, dass sich EFT hervorragend zur Lösung von Konflikten zwischen den unterschiedlichen Teilen unserer Persönlichkeit eignet und dass sich diese unbewussten Teile am leichtesten dadurch identifizieren lassen, dass man die Willenskraft als Maßstab heranzieht. Fällt uns etwas wirklich leicht und können wir es wirklich tun „ohne zu denken“, so sind wir in unserer energetischen Mitte, wir sind in unserem Inneren in Einklang mit uns selbst und alles ist gut. Das Gegenteil wäre dann der Fall, wenn wir ständig mit uns darum ringen müssten etwas Bestimmtes zu tun, wenn wir uns mit Willenskraft dazu zwingen müssten; dies würde bedeuten, dass sich ein Teil von uns diesem Bemühen widersetzte.

Muss sich zum Beispiel ein Geschäftsmann, der dringend einen potenziellen Kunden anrufen will, dazu zwingen, den Telefonhörer in die Hand zu nehmen, so will ihn ein bestimmter Teil seines Selbst daran hindern. EFT ermöglicht es uns, diesen Teil direkt anzusprechen und ihn von seinen Ängsten, seinem Ärger und grundsätzlich von allen Gründen zu befreien, aus denen dieser ihn am Telefonieren hindern will. Klopfen

Sie in einem solchen Fall zum Beispiel mit folgender Aussage: „…, auch wenn ein Teil von mir dieses Problem hat / … ihr noch immer nicht vergeben hat / … nicht will, dass ich abnehme / … sich nicht auf Sex einlassen will." … Konflikte, innere Schlachten und Qualen lassen sich so in Übereinstimmung verwandeln.

Dies ist auch eine gute Möglichkeit, an Gedanken- und Verhaltensmustern oder an inneren Zuständen zu arbeiten, die man in seinem Leben eigentlich nicht mehr haben will oder die aufgrund persönlicher Veränderungen nicht mehr zu uns passen. (Lesen Sie hierzu auch die Abschnitte „Konflikte" und „Willensstärke" in diesem Teil des Buches.)

Verlust eines geliebten Menschen

Mit Ausnahme von Liebeskummer ist der Verlust eines geliebten Menschen das schmerzlichste aller menschlichen Erlebnisse und Emotionen. In diesem Zusammenhang sollte man sich bewusst machen, dass man einen solchen Verlust nicht nur dann erleiden kann, wenn ein Mensch stirbt, sondern auch durch Umzug, Scheidung oder eine andere Form der Trennung.

Meine Erfahrungen in diesem Bereich haben mich gelehrt, dass EFT die einzige Methode ist, die in solchen Situationen wirklich hilft. In der Einleitung zu diesem Buch berichtete ich über meine erste Erfahrung mit dieser Technik, bei der ich klopfte mit „… diese allgegenwärtige Traurigkeit". Dabei tauchte in mir eine Erinnerung auf, in der ich mich plötzlich in einem Winter in einer eiskalten Kirche stehen und den Sarg meines Vaters anstarren sah. Er hatte im Juni Geburtstag und seine Lieblingsblumen waren rote Rosen; an seinen Geburtstagen war unser Haus deshalb immer voller wunderschöner Rosen, meine Mutter und ich hatten ihm immer einen besonders schönen Strauß mit der Anzahl an Rosen geschenkt, die seinen Lebensjahren entsprach.

Aber jetzt war er tot, es war Mitte Januar und die wenigen, traurigen Treibhausrosen, die wir hatten auftreiben können, welkten in der strengen Kälte bereits vor sich hin. An diesem Punkt muss mein Geist meinen Körper einfach verlassen haben, denn meine Erinnerung setzt erst zu einem viel späteren Zeitpunkt wieder ein. Mit Hilfe von EFT gelang es mir, diese Erinnerungslücken zu schließen, und jetzt empfinde ich bei der Erinnerung an meinen Vater andere Gefühle als nur Schmerz – dafür werde ich immer dankbar sein. Aufgrund solcher Verlusterlebnisse entstehen Probleme; sie entstehen infolge von Momenten des Schocks und des Traumas, wie ich sie gerade beschrieben habe. Hinzu kommen noch all die anderen negativen Emotionen aus Erinnerungen und Trauer.

Eine meiner Klientinnen suchte mich auf, weil ihr Ehemann nach 56 Ehejahren plötzlich gestorben war. Ich erkannte recht bald, dass damit so viele Themen verbunden waren, dass wir wahrscheinlich ewig geklopft hätten. Darüber hinaus ergaben sich auch praktische Probleme, wie zum Beispiel die Tatsache, dass die alte Dame noch nie allein in einem Haus gelebt hatte und dass sie aufgrund ihrer Einsamkeit an ernsten Depressionen erkrankte und selbstmordgefährdet war. Ich entschloss mich, die Ablösung mit Hilfe einer Fotografie zu versuchen. Immer wenn sie allein zu Hause war und Trauer oder gar Panik und Verzweiflung in sich aufkeimen spürte, sollte sie ins Schlafzimmer gehen, ein Foto ihres Mannes betrachten und klopfen, ohne ein Wort zu sprechen. Sie berichtete:

> „In der ersten Woche dachte ich, ich müsste wunde Stellen bekommen von all der Klopferei, aber es war für mich der Rettungsanker. Irgendwann konnte ich wieder schlafen und fand die Kraft, mit der Regelung unserer Angelegenheiten zu beginnen. Inzwischen, nach drei Monaten, klopfe ich nur noch hin und wieder vor dem Bild. Überfallen mich dennoch einmal Trauer und Schmerz, so brauche ich nur das Bild anzuschauen, um mich sofort wieder zu beruhigen."

An dieser Stelle möchte ich nochmals wiederholen: *EFT ist immer für Sie da, wenn Sie es man meisten brauchen.* Sie müssen nicht einmal die Kraft aufbringen, einen Therapeuten aufzusuchen; in jedem kritischen Moment können Sie sich einfach selbst helfen. Viele Menschen haben mir berichtet, dass sie allein schon durch das Wissen um diese Selbsthilfe die Herausforderungen des Lebens leichter meistern.

Verschleierte Erinnerungen

Hier geht es um ein Phänomen, für das im Grunde kein allgemein gültiger und zutreffender Begriff existiert. Gemeint sind Erinnerungen, die wir mit unserem bewussten Verstand bereits viele Male durchdacht, analysiert und diskutiert haben; dies kann im Rahmen einer traditionellen Psychotherapie oder aber dadurch geschehen sein, dass wir unseren Freunden oder unserer Familie diese Erinnerungen immer wieder in Form von Geschichten erzählten.

Diese Erinnerungen sind mit sehr starken Emotionen gekoppelt, weshalb der menschliche Verstand eine Art Schleier darüber ausbreitet, der es ermöglicht, dass die betroffene Person verhältnismäßig sicher und ruhig darüber sprechen kann, ohne dass die Notwendigkeit entsteht, an die dazu gehörenden Emotionen zu rühren, denn das wäre in diesen Fällen zu schmerzlich.

Im Laufe der Zeit entsteht bei den Betroffenen sogar das Gefühl, dass sie nicht mehr sehr viel oder sogar überhaupt nichts mehr dabei empfinden, wenn diese Erinnerungen sich melden oder zur Sprache kommen; daraus schließen sie dann, dass das Ereignis vollständig verarbeitet sei und sie darüber hinweg seien, dass sie alles vergeben hätten oder die Zeit die Wunden heilen ließ.

Meine Erfahrungen haben mich jedoch gelehrt, dass selbst vierzig Jahre Psychoanalyse, wiederholtes Sprechen über ein bestimmtes Thema sowie dessen regelmäßige Neueinschätzung nichts oder nur sehr wenig zur Heilung des zugrunde liegenden Traumas beitragen können. Viele meiner Kollegen berichten ebenfalls, dass sich die Meinung vieler Menschen, die bestimmte Themen seit langem für gelöst halten, in dem Moment als Trugschluss erweist, in dem sie mit EFT zu arbeiten beginnen. Eine meiner Klientinnen formulierte dies so:

„Ich arbeitete mit meinem Sohn an seiner Angst vor dem Autofahren und setzte EFT-Techniken ein. Es gelang ihm, diese Angst bis zu dem Zeitpunkt zurückzuverfolgen, an dem ich ihn und seinen Vater verlassen hatte. In demselben Moment, in dem er diese Worte aussprach, wurde ich durch Zeit und Raum an die schlimmste Stelle in meinem Leben zurückkatapultiert, nämlich an die, an der ich meine Kinder verlassen hatte. Der Schmerz war so stark, dass er mir den Atem nahm und ich mich in einer Art Schockzustand befand. Ich konnte es nicht fassen: Ich hatte so viele Beratungsgespräche geführt, so viele Tränen geweint, ich hatte so viel gearbeitet, so viele unterschiedliche Therapien ausprobiert, ich hatte aufrichtig geglaubt, dies vor langer Zeit gelöst zu haben. Aber es war noch immer da, genauso schmerzhaft wie ehedem – kein Wunder, dass mein Leben sich nicht so positiv hatte entwickeln können, wie ich es mir erhofft hatte. Was dann folgte, war die intensivste EFT-Sitzung meines Lebens, am Ende war ich völlig erschöpft und triumphierte gleichzeitig auf eine seltsame Art. Jetzt kann ich aufrichtig behaupten, dass ich mir endlich vergeben habe."

Ich habe noch viele weitere Berichte ähnlicher Art gehört, in denen es darum ging, dass etwas, das wir für geheilt hielten, in Wahrheit nur noch tiefer vergraben worden war. EFT kann auch diese Wunden heilen. Sollten Sie selbst eine oder mehrere derartige Erinnerungen haben, so schlage ich vor, dass Sie diese eine nach der anderen mit größter Vorsicht nochmals in sich wachrufen und sich versichern, dass sie tatsächlich geheilt und nicht nur geschickt verschleiert sind.

Willensstärke

Viele Menschen können sich die fragwürdige Ehre anrechnen lassen, über „genügend Willensstärke“ zu verfügen, um rücksichtslos über ihre persönlichen Neigungen, ihre Emotionen, über ihren Körper, ihre Intuition, ihre Ängste und Unsicherheiten einfach hinwegzugehen.

Für EFT-Anwender ist diese Willensstärke ein Hinweis darauf, dass jemand ein bestimmtes Problem noch immer nicht vollständig gelöst hat. (Das ist immer dann der Fall, wenn wir Willensstärke einsetzen müssen, um mit einem bestimmten Thema umgehen zu können.) Als mir dieser Aspekt des Begriffs Willensstärke bewusst wurde, gab mir diese Erkenntnis gleichzeitig den Blick auf eine beängstigende Realität frei: dass sich die Menschen nämlich offenbar eine Welt und in ihr eine Lebensweise erschaffen haben, die sie von morgens bis abends zum Missbrauch ihrer Willensstärke zwingt:

Der Wecker klingelt – wir wollen nicht aufstehen. Also zwingen wir unseren noch müden Körper aus dem Bett. Das ist normal, nicht wahr? *Falsch!* Lassen Sie uns genauer hinsehen: *Warum brauchen wir Willenskraft, um den Tag zu beginnen?*

Könnte es nicht auch so sein, dass jeder Tag einen unermesslichen Schatz an wunderbaren und begeisternden Ereignissen birgt und wir es nicht abwarten können, diesen Schatz zu entdecken? Könnte es sein, dass uns unser Körper am Abend davor viele Male versucht hat begreiflich zu machen, wie müde er war und wie sehr er sich wünschte, wir würden mit dem Trinken, Arbeiten, Fernsehen usw. endlich aufhören, und könnte es sein, dass er – wieder einmal – von unserer Willenskraft zum Schweigen gebracht wurde? Könnte es sein, dass wir nicht gut geschlafen, sondern uns im Bett hin- und hergewälzt haben, voller Angst und Sorge vor der Zukunft, belastet mit so vielen ungelösten Bedürfnissen, Wünschen und Konflikten, dass diese uns bis in unsere Träume hinein verfolgen?

Es spielt keine Rolle, wie man dazu steht und aus welchem Grund sich jemand so fühlt, wie ich es oben beschrieben habe, wenn er am Morgen erwacht – bestimmte Themen stehen immer im Vordergrund und müssen gelöst werden (in unserem Fall mit Hilfe von EFT); ist dies erst einmal gelungen, so muss die betreffende Person ihren „müden Körper“ nicht mehr länger zwingen, am Morgen aufzustehen. Die Erkenntnis, wie sehr wir unsere Willenskraft jeden Tag auf unterschiedliche Art missbrauchen, kam für mich einer Offenbarung gleich; ich empfehle Ihnen daher, sich jeden Anlass bewusst zu machen, an dem Sie Ihre Willenskraft dazu einsetzen, sich selbst zu etwas zu zwingen; beginnen Sie darüber nachzudenken, wie Sie diese inneren Konflikte lösen, heilen und loslassen können.

Wenden wir uns nun nochmals für einen Moment der Willensstärke als Signal zu. In diesem Zusammenhang fällt mir eine Klientin mit Agoraphobie ein, die ihr Haus fünf Jahre lang nicht verlassen hatte. Immer wenn Sie einen Versuch wagte und auf dem Weg zur Tür war, gerieten ihre Schritte ins Stocken – ein klassischer Hinweis darauf, dass sie sich zu diesen Schritten zwingen musste und dass die Angst, die sie zurückzuhalten versuchte, bereits wieder da war. Wir zogen uns an einen „sicheren Ort“ zurück, an dem sie keine Angst hatte, und begannen zu klopfen. Nach jedem Durchgang konnte sie ein Stück weiter in Richtung Tür gehen und dann stellte sie fest: „Jetzt könnte ich es sogar bis zur Tür schaffen.“

In fast jeder Therapie wäre eine derartige Aussage Anlass zum Feiern, nicht jedoch bei EFT. Wir sind nicht darauf aus, die Angst so weit zu verringern, dass die betreffende Person in der Lage ist, „sich zu etwas zu bringen“ – unser Ziel ist es vielmehr, den inneren Widerstand vollständig aufzulösen und es der Person zu ermöglichen, dass sie das tun will und kann, was in der Vergangenheit ihr größtes Problem war.

Nach einigen weiteren Durchgängen hatten wir den Durchbruch geschafft: Die Angst war vollkommen verschwunden und die Klientin konnte es kaum noch erwarten, das Haus zu verlassen. Sie wurde sogar ungeduldig, als ich versuchte sie zurückzuhalten. Sie rannte geradezu aus dem Haus in ihren Garten – dort blieb sie stehen und lachte, bis ihr die Tränen übers Gesicht liefen, weil sie sich draußen wohl fühlte.

Ich halte dies für einen gelungenen Abschluss dieses Kapitels, denn dieses Beispiel veranschaulicht nochmals sehr deutlich, was zuvor bereits viele Male angeklungen ist: Wenn Sie EFT bei sich selbst einsetzen, werden Dinge zum Vergnügen, die Ihnen vorher Angst gemacht haben. Und dies ist genau das, wonach Sie suchen, es ist das Ergebnis, das Sie in jedem einzelnen Fall anstreben. *Es genügt nicht keine Angst mehr zu haben.* Es gibt noch eine Dimension, in der Ihre Aktivitäten, Ihr Körper, Ihre Gesundheit, Ihre Arbeit und Ihr Leben zu einer einzigen Freude werden. *Das ist das Versprechen, die Perspektive, die Ihnen EFT anbieten kann.*

Sie sollten sich nicht mit weniger zufrieden geben!

Teil IV

EFT flexibel einsetzen

An anderer Stelle wurde bereits darauf hingewiesen, dass EFT als Methode völlig neutral und jederzeit, überall und auf jedes Problem anwendbar ist, das eine emotionale Komponente hat. Diese Grundstruktur ist außerordentlich flexibel einsetzbar und lässt sich auf vielfältige Art den Bedürfnissen, Erfordernissen und Vorlieben des Einzelnen anpassen. Es ist im Grunde unmöglich, EFT länger bei sich selbst oder bei Klienten anzuwenden, ohne das Grundverfahren in irgendeiner Form abzuwandeln. Sollten Sie die Absicht haben, sich künftig intensiver mit Meridiantherapien zu beschäftigen, so werden Sie auf viele „Verwandte" von EFT stoßen und außerdem feststellen, dass viele von Ihnen lediglich eine kleine Veränderung des ursprünglichen Systems sind.

Im Folgenden finden Sie daher eine Übersicht über die gängigen Methoden, unter denen sicher mindestens eine ist, die Ihre eigenen oder die Anforderungen Ihrer Klienten erfüllt. Probieren Sie ruhig mehrere aus, ich bin sicher, dass Sie im Laufe der Zeit Ihre eigene „Variante" entwickeln werden.

1. Alternativen zum Klopfen erproben

Neben dem Klopfen gibt es noch eine ganze Reihe anderer Möglichkeiten, die Akupunkturpunkte zu stimulieren, die wir verwenden, um Energien auszugleichen (Energiebalance). Diese wurden bereits in einem früheren Abschnitt dieses Buches erwähnt, die folgende Auflistung soll Ihnen nochmals einen Überblick verschaffen:

Die Punkte berühren und atmen

Diese Variante, die ursprünglich von John Diepold entwickelt wurde, ist mit EFT weitgehend identisch, die Punkte werden jedoch nicht geklopft, sondern berührt (gehalten), während Sie sich auf Ihr Problem konzentrieren und dabei tief ein- und ausatmen. Diese Vorgehensweise wirkt auf Menschen, die unter starkem Stress stehen oder überängstlich sind, häufig sehr beruhigend; viele Kinder ziehen diese Art der Berührung dem Klopfen vor. Ein weiterer Vorteil ist, dass die Punkte in jeder Situation, auch in der Öffentlichkeit, unbemerkt stimuliert werden können. Sollte die Berührung eines Punktes oder seiner Umgebung Schmerzen bereiten (etwa bei Zahnschmerzen, Migräne und Verletzungen), so bietet sich folgende Alternative an:

Die Punkte massieren

Anstatt die Punkte zu klopfen, können Sie sie auch reiben oder mit einem Finger in kreisenden Bewegungen massieren. Diese Variante stammt aus dem *Tellington T Touch* und ist ebenfalls sehr effektiv.

Die Punkte nur in der Vorstellung stimulieren (Visualisierung)

Einigen Menschen fällt es sehr leicht, sich einfach auf die Punkte zu konzentrieren und die Klopfsequenz auf diese Weise durchzuführen. Einige visualisieren dabei, wie sie klopfen, andere stellen sich vor, wie Lichtstrahlen in die Punkte eindringen, wieder andere sprechen davon, dass sich ihr Bewusstsein auf die Punkte ausrichte. Probieren Sie aus, ob eine dieser Varianten für Sie funktioniert, denn sie sind eine große Erleichterung, wenn Sie im Bett liegen, wenn Sie unbemerkt klopfen wollen oder wenn

Sie aus anderen Gründen nicht in der Lage sind, die Punkte tatsächlich zu klopfen.

Mehrere Punkte gleichzeitig halten

Dieser Begriff steht für die Variante, bei der gleichzeitig mehr als ein Punkt gehalten wird. Einige Menschen profitieren davon, zum Beispiel beide Schlüsselbeinpunkte zur gleichen Zeit zu halten oder den Punkt unter dem Auge mit der einen Hand und mit der anderen Hand gleichzeitig den Serienpunkt. Hierzu gibt es noch andere Variationen und Sie können sich sicher vorstellen, dass jede ihre Berechtigung hat und dass dazu vieles geschrieben worden ist.

Spielen Sie mit diesen verschiedenen Anwendungsformen und vergessen Sie nicht, Ihre Ergebnisse jeweils in einer realen Situation ehrlich zu überprüfen. Was am Ende zählt, sind die Veränderungen, die Sie damit erreichen.

2. Mal mehr, mal weniger Punkte klopfen

Es gibt noch viele Tausend weitere Punkte auf unserem Körper, die alle für den Energiefluss in den Meridianen von Bedeutung sind. Die Punkte von EFT, die Sie hier kennen gelernt haben, wurden deshalb ausgewählt, weil sie sehr umfassend eingesetzt werden können und bei der Mehrzahl der Menschen deutlich Wirkung entfalten.

In manchen Fällen können einige Punkte aus bestimmten Gründen ausgelassen werden, ohne dass dadurch die Wirkung beeinträchtigt wird. Es ist also nicht unbedingt erforderlich, dass immer alle Punkte geklopft werden. Sollten Sie etwa bei einem anderen klopfen, so ist es in manchen Fällen sinnvoll, den Punkt unter dem Arm auszulassen, einfach deshalb, weil dies für viele Menschen eine intime Stelle ist.

Einige unter Ihnen werden nach einiger Zeit feststellen, dass Sie die 9G auslassen können und dennoch die gewünschte Veränderung erreichen; wieder andere können die Fingerpunkte überspringen und sich dennoch sofort besser fühlen. Diese Dinge hängen sehr stark von persönlichen Vorlieben und Neigungen ab. Wenn Sie jedoch feststellen, dass Ihnen eine Kurzversion des Verfahrens nicht die gewünschte Veränderung bringt, dann sollten Sie sofort wieder auf die ursprüngliche Technik zurückgreifen.

Einige von uns fügen allerdings dem ursprünglichen Verfahren weitere Punkte hinzu, die sich für ihren persönlich Zweck als nützlich erwiesen haben. Dazu gehören zum Beispiel:

- Auf dem Kopf (Kronenchakra)
- Drittes Auge
- Thymus (eine etwas erhabene Stelle auf der Mitte der Brust, direkt unterhalb der Schlüsselbeine)

- Unterhalb der Brust (auf gleicher Linie mit den Brustwarzen, etwa auf der dritten Rippe von unten)

Je mehr Sie über Meridiantherapien erfahren, desto mehr Punkte werden Sie kennen lernen, die alle wichtige Meridianpunkte sind. Von anderen Anwendern sind daraus äußerst komplizierte Verfahrensabläufe entwickelt worden; dies ist jedoch nicht im Sinne von EFT – der besondere Reiz dieser Methode liegt in ihrer Einfachheit und darin, dass sie in 85 Prozent der Fälle eindrucksvoll funktioniert. Ich empfehle Ihnen, zunächst das EFT-Basisverfahren (siehe Teil I) zu erlernen und anzuwenden und nur in den wenigen Fällen, in denen Sie damit keine Ergebnisse erzielen können, weitere Punkte mit einzubeziehen und zu beobachten, ob sich damit Verbesserungen erreichen lassen.

3. Mögliche Fehlerquellen ausschalten

Bei der Arbeit mit anderen Menschen kommt es hin und wieder vor, dass der SUD-Wert nicht so schnell sinkt, wie Sie es erwarten. Bevor Sie vielleicht vorschnell zu der Überzeugung gelangen, dass das Verfahren nicht funktioniere, sollten Sie folgende Fragen klären:

Ist die Eröffnungsaussage richtig formuliert?

Dies kommt sehr häufig vor und beruht meist auf einem Missverständnis. Manchmal glauben wir nämlich zu wissen, welches unser Problem ist, aber wir haben uns einfach geirrt. Klopfen Sie daher einen Durchgang mit: „…, auch wenn ich nicht weiß, warum der SUD-Wert nicht sinken will." Sie werden feststellen, dass dies sehr hilfreich ist.

Existiert ein wichtiger, noch nicht aufgedeckter Widerstand?

Wir Menschen halten ein Problem immer dann mit all unserer Kraft fest, wenn wir (und sei es unbewusst) davon überzeugt sind, dass es gute Gründe dafür gibt, dass wir dieses Problem haben, und dass sich unser Leben in irgendeiner Form zum Schlechteren wenden würde, wenn wir das Problem gehen ließen. Das Problem zu behalten hat für uns also einen entscheidenden Vorteil oder aber wir glauben, dass wir nicht in der Lage wären ohne das weiterzumachen, was uns dieses Problem gibt. Wir empfinden es letztendlich also als Vorteil, dieses Problem zu haben, und wollen es deshalb behalten. Vielleicht können wir uns aber einfach auch nicht vorstellen, ohne den Vorteil zu leben – wie immer dieser aussehen mag –, den uns unser Problem verschafft. Dies wird als „Primärgewinn" bezeichnet und kann der Grund dafür sein, dass wir uns das Problem überhaupt erschaffen haben.

Im zweiten Schritt werden daher häufig zunächst diese Gründe aufgedeckt und bearbeitet. Dieses Vorgehen ebnet den Weg für einen einfachen Klopfdurchgang, mit dem das Problem in der Regel zu lösen ist. Die folgenden Eröffnungsaussagen sind dafür gut geeignet:

„…, auch wenn ich nicht glaube, dass ich ohne … (Nutzen oder Problem benennen) zurechtkomme."

„…, auch wenn ich nicht weiß, wie ich mein Leben ohne … (Problem benennen) leben soll."

„…, auch wenn ich zusammen mit … (dem Problem) meine Identität verlieren werde."

„…, auch wenn ich es nicht verdiene, dieses Problem zu überwinden."

(Alle weiteren Widerstände oder Einwände, die Ihnen dazu einfallen, können Sie hier einsetzen. Lesen Sie bitte auch den Abschnitt „Primärgewinne" in Teil III.)

Ist die betroffene Person vielleicht nicht in der Lage, Kontakt zu den entsprechenden Emotionen herzustellen?

Dies kommt zwar nicht sehr häufig vor, es gibt jedoch Menschen, denen es nicht oder nur sehr schwer gelingt, eine Verbindung zu ihren Emotionen herzustellen; sie wissen zwar, dass sie ein großes Problem haben, und geben ihm deshalb einen sehr hohen SUD-Wert; sie empfinden jedoch keine Emotion, die ihnen als Grundlage für dieses Verfahren dienen könnte. Nach dem Klopfdurchgang fühlen sie sich nicht anders als vorher und berichten sehr offen darüber, dass sie sich nicht besser fühlen und dass sich nichts verändert hat. In diesen Fällen ändert sich häufig auch dann nichts, wenn sämtliche Möglichkeiten, die für dieses Ausbleiben einer Wirkung verantwortlich sein können, überprüft worden sind. Interessanterweise ist dies jedoch kein Hinweis darauf, dass das Problem ganz oder zumindest teilweise gelöst wurde.

Sollten Sie mit einem solchen Menschen arbeiten, so entscheiden Sie sich zunächst für eine kleine, harmlose Veränderung, die sich leicht überprüfen lässt – *etwas, bei dem Ihnen das Verhalten des Klienten Rückmeldung darüber gibt, ob das Verfahren gewirkt hat.* Dies ist für Sie vorteilhafter, als sich nur auf das zu verlassen, was Ihnen der Klient berichtet. Fragen Sie nach irgendetwas, das der Klient nicht kann oder das ihm sehr schwer fällt, bitten Sie ihn dann, sich darauf zu konzentrieren, wenden Sie EFT an und überprüfen Sie anschließend das Ergebnis. Dieser Test zeigt häufig: Eine Veränderung hat tatsächlich stattgefunden.

Die Arbeit ohne Feedback durch Emotionen, physiologische Hinweise, Worte und Beschreibungen innerer Gefühle ist ungleich viel schwerer, dennoch kann der Betreffende daraus alle Vorteile ziehen, die er braucht. Der einzige Unterschied ist, dass diese Menschen die Erfahrung, die den Beweis der Wirkung erbringt, erst in der realen Situation – im Alltag – machen können.

Verlangt das Problem mehr Ausdauer und Beharrlichkeit?

Es gibt Menschen, die von Natur aus sehr ausdauernd sind und nicht so leicht aufgeben. Sie lernen EFT kennen, sehen, wie gut die Methode bei anderen funktioniert (oder vielleicht machen sie auch gleich die Erfahrung, dass sie mit der Methode eines ihrer Probleme lösen können), wenden sie dann auf ein anderes Problem an und stellen fest, dass sich nichts verändert. Dennoch fahren sie Tag für Tag mit dem Klopfen fort, ungeachtet der Tatsache, dass es nicht zu funktionieren *scheint*. Nach zehn Tagen ist das Problem dann verschwunden.

Auf unserer Internetseite *www.emofree.com* können Sie viele vergleichbare Beispiele nachlesen. Niemand hat bisher den Grund dafür herausgefunden, warum dies hin und wieder vorkommt. In Anbetracht der Tatsache, dass die Methode sehr einfach ist und wenig Zeit in Anspruch nimmt, empfehle ich dringend, einfach „dranzubleiben", falls Sie feststellen, dass ein Problem nicht sofort verschwindet, wie das normalerweise der Fall ist.

4. Wenn es nicht vorangeht ...

Im Folgenden möchte ich Sie mit einigen Möglichkeiten vertraut machen, die Sie dann einsetzen können, wenn Sie an einer bestimmten Stelle des Verfahrens nicht mehr weiterkommen.

Einen Punkt sehr oft klopfen

Einen einzigen Punkt unablässig fünfzig oder hundert Mal zu klopfen kann in manchen Fällen Auslöser für eine wichtige Veränderung sein. Der geeignete Punkt kann mit Hilfe des Muskeltests ermittelt werden, Sie können aber auch einfach verschiedene Punkte ausprobieren. Sehr gut geeignet sind der Serienpunkt, der Handkantenpunkt, der Schlüsselbeinpunkt und der Punkt unter dem Auge.

Pausen einlegen

In manchen Fällen kann es hilfreich sein, für kurze Zeit etwas völlig anderes zu tun und sich dann wieder dem Problem zuzuwenden. Häufig reagiert es dann auf das Klopfen. Um dies zu bewirken, können Sie zum Beispiel aufstehen und auf der Stelle marschieren, den Stuhl wechseln, kurz hin- und herlaufen, kräftig in die Hände klatschen oder sich einfach eine „Auszeit" gönnen.

Wasser trinken

Es gibt viele Theorien darüber, warum vor, während und nach der Energiearbeit Wasser getrunken werden sollte; es lohnt es sich auf jeden Fall, diese Möglichkeit in Erwägung zu ziehen, wenn Sie bei einem Problem nicht weiterkommen. Viele Therapeuten lassen ihre Klienten während und nach der Sitzung grundsätzlich Wasser trinken. Es ist empfehlenswert, damit zu experimentieren.

Schlüsselbeinatmung einsetzen

Halten Sie den Schlüsselbeinpunkt mit einer Hand und den Serienpunkt eben dieser Hand mit Ihrer anderen Hand. Atmen Sie ein, indem Sie zunächst einen halben Atemzug nehmen ..., dann die andere Hälfte ..., halten Sie den Atem für kurze Zeit an ..., atmen Sie dann aus, und zwar auch hier zunächst einen halben Atemzug, dann vollständig ..., halten Sie wiederum kurz die Luft an; wiederholen Sie dies drei- bis siebenmal. Halten Sie nun den Schlüsselbeinpunkt auf Ihrer anderen Körperseite sowie den Serienpunkt mit der jeweils anderen Hand und wiederholen Sie das gesamte Verfahren. Fahren Sie anschließend an der Stelle oder an dem Punkt mit dem Klopfen fort, wo Sie zuvor keine weiteren Fortschritte mehr feststellen konnten.

Zusätzliche Augenbewegungen durchführen

In der 9G-Serie werden zwei unterschiedliche Augenbewegungen durchgeführt: Einmal bewegen Sie die Augen nach links und nach rechts, einmal beschreiben Sie mit Ihren Augen einen Kreis im und entgegen dem Uhrzeigersinn. Achten Sie hierbei sehr genau darauf, ob Ihre Augen (oder die Ihres Klienten) an irgendeiner Stelle nicht „glatt“ laufen, sondern „springen“. Sollten Sie dies feststellen, so bewegen Sie Ihre Augen so lange an dieser Stelle hin und her, bis die ganze Bewegung reibungslos durchgeführt werden kann, während Sie gleichzeitig den Serienpunkt klopfen oder halten.

Mehrere Punkte kombinieren

Versuchen Sie, mehr als einen Punkt gleichzeitig zu klopfen oder zu halten. Dadurch können wichtige Veränderungen und Empfindungen ausgelöst werden. Sie können auch die „wunden Punkte“ auf *beiden* Körperseiten gleichzeitig massieren oder den Punkt unter dem Auge mit *einer* Hand halten und gleichzeitig mit der anderen Hand den Handkantenpunkt klopfen. Stephanie Rothman empfiehlt, sich doch einmal selbst in den Arm zu nehmen und dabei beide Punkte unter dem Arm gleichzeitig zu halten. Hierzu lassen sich viele weitere Varianten finden; dazu gehört auch die Handposition, bei der fast alle Punkte im Gesicht zur gleichen Zeit bedeckt werden.

Energetische Unterstützung eines anderen Menschen suchen

Jeder energetisch arbeitende Therapeut macht hin und wieder die Erfahrung, dass sein Klient klopft und sich kaum etwas verändert. In diesem Fällen fragen wir den Klienten, ob er damit einverstanden ist, wenn wir als Therapeuten die Punkte für ihn klopfen; häufig stellt sich dann die Veränderung innerhalb kürzester Zeit ein. Ich weiß nicht mit Sicherheit, warum dies so ist, habe jedoch selbst bereits diese Erfahrung gemacht, dass ich ein bestimmtes Problem bearbeitet habe und keine Veränderung erreichen konnte. Daraufhin bat ich eine Freundin um Unterstützung und die Emotion verschwand, unmittelbar nachdem sie einige Punkte bei mir berührt hatte. Ich persönlich vermute, dass es damit zusammenhängt, dass man, wenn man selbst klopft, dem System wieder dieselbe Art von Energie zuführt, die das Problem verursacht hat. Dies geschieht zwar nicht sehr häufig und scheint sich auch auf einen bestimmten Problemtyp zu beschränken, bei dem es um die eigene Identität geht; sollten Sie jedoch das Gefühl haben, bei einem Problem nicht voranzukommen, so sollten Sie auf jeden Fall die Möglichkeit in Betracht ziehen, dass es einer „anderen Energie" bedarf, die den Durchbruch bringen kann.

Der beste Tipp von allen lautet aber: „Bleiben Sie dran!"

Schlusswort

Dieses Kapitel beendet den Hauptteil des Buches. Ich wünsche mir aufrichtig, dass Sie, liebe Leser, hier einige nützliche Anregungen gefunden haben und dass Sie in einigen der hier vorgestellten Themen Parallelen zu Ihrem eigenen Leben entdeckt haben. Ganz besonders wünsche ich mir, dass Sie zu den Menschen gehören mögen, die diese Methode zu einem festen Bestandteil ihres Lebens machen, ihr ungeheueres Potenzial erkennen und sie wirklich überall dort einsetzen, wo Sie Grenzen erweitern und Hindernisse überwinden wollen.

Natürlich weiß ich nicht, wie viele Methoden und Therapien Sie bereits ausprobiert haben und welches Ihre Probleme sind. Ich weiß jedoch, dass viele von uns in der Vergangenheit Enttäuschungen erlebt haben, weil viele Techniken und Therapien Heilung versprachen und letztendlich unsere Erwartungen nicht erfüllen konnten. Als Folge davon entwickelten wir tiefe Skepsis und Zynismus gegenüber neuen Methoden, die uns vor weiteren Enttäuschungen bewahren sollen. Ich habe dafür volles Verständnis, denn ich selbst verhalte mich bei meiner Arbeit ebenso: Ich bin neuen Techniken gegenüber äußerst vorsichtig und prüfe sie zunächst intensiv, bevor ich mich darauf einlasse. Ich schreibe in der Regel auch nicht über die Techniken anderer Therapeuten, sondern entwickle lieber meine eigenen.

Im Fall von EFT habe ich eine Ausnahme gemacht, denn ich habe keinen einzigen Grund gefunden, warum ich diese Methode ablehnen sollte. Ich kann nur bestätigen, dass sie auf einer tiefen physiologischen Ebene wirklich funktioniert, dass sie tief greifende Auswirkungen auf Körper, Geist und Seele hat und dass sich mit ihr vorhersagbare, jederzeit nachvollziehbare und zuverlässige Ergebnisse erzielen lassen. Ich habe EFT bei sehr vielen Klienten und vielen verschiedenen Problemen erprobt, und zwar in persönlichen Sitzungen, am Telefon, per E-Mail und bei öffentlichen Vorführungen. Nach drei Jahren stehe ich immer noch voller Bewunderung vor dieser Technik, die in ihrer Einfachheit selbst dann erstaunliche Erfolge hervorbringt, wenn sie von Laien angewandt wird.

In diesem Sinne biete ich Ihnen, liebe Leser, die Grundform von EFT ohne Zusätze, Veränderungen und persönliche Varianten einfach so an, wie es ist. Haben Sie sich erst einmal damit vertraut gemacht, so können Sie Ihre eigenen Varianten entwickeln.

Zum Schluss zitiere ich hier den „Auftrag“, den ich allen Klienten nach einer erfolgreichen Sitzung mitgebe:

„Sie haben nun diese eindrucksvolle Methode kennen gelernt, Sie haben aus erster Hand und am eigenen Körper erfahren, was sie für Sie tun kann; ich möchte Sie deshalb ermuntern:

Wenden Sie die Methode an!

Probieren Sie sie an allem aus!

Und berichten Sie möglichst vielen anderen Menschen davon!“

Anhang

Begriffserläuterungen

Apex-Effekt

Alle Meridiantherapien werden immer wieder mit einem sehr seltsamen Phänomen, dem Apex-Effekt, konfrontiert: Ein bestimmtes Problem wird erfolgreich aufgelöst, die betroffene Person will oder kann jedoch nicht anerkennen, dass dieser Erfolg der energetisch ausgerichteten Methode, etwa EFT, zuzuschreiben ist. In anderen Fällen sind Probleme so vollständig verschwunden, dass der Betroffene sich anschließend nicht mehr daran erinnern kann, das Problem überhaupt jemals gehabt zu haben.

Ich selbst kann von zwei derartigen Erfahrungen berichten: Eine meiner Klientinnen, Inhaberin eines Ladengeschäfts, machte einen recht unglücklichen Eindruck und sah sehr schlecht aus. Ich fragte sie nach ihrem Problem und sie berichtete, dass sie den ganzen Tag auf einem Hocker hinter der Kasse sitzen müsse und dadurch unter starken Kopf- und Rückenschmerzen leide. Ich behandelte sie mit EFT, woraufhin ihre Schmerzen verschwanden und sie sich sehr viel besser fühlte. Sie war der Meinung, diese Verbesserung sei dadurch zustande gekommen, dass ich sie zum Lachen gebracht hätte. Ich kann mich gut daran erinnern, dass mich diese Bemerkung in großes Erstaunen versetzte – wenn ich tatsächlich eine solche Begabung hätte, würde ich meine Dienste meistbietend an die teuersten Privatkliniken verkaufen und dort als Clown auftreten.

Im zweiten Fall ging es um einen Studenten, der mit meiner Hilfe eine Bücherphobie auflösen konnte. Während einer Telefonsitzung erzählte er mir immer wieder, wie sehr ihm EFT dabei geholfen habe, beim Kegeln bessere Trefferquoten zu erzielen; von der Bücherphobie war keine Rede mehr. Ich fragte ihn danach und musste feststellen, dass er sich in keiner Weise an das Problem erinnern konnte; ich machte ihn darauf aufmerksam, dass ich mir nicht vorstellen könne, dass er das Geld für eine Sitzung bei mir aufgebracht habe, um sein Kegeln zu verbessern. Dadurch wurde ihm seine totale Amnesie im Zusammenhang mit dem Bücherproblem bewusst, worauf er sehr verstört reagierte.

Für Therapeuten kann dieser Apex-Effekt außerordentlich frustrierend sein; einige nehmen deshalb ihre Sitzungen grundsätzlich auf Tonband auf, damit sie ihren Klienten anschließend beweisen können, dass sie anfangs tatsächlich ein Problem hatten. Man kann dieses Phänomen darauf zurückführen, dass sich während der Sitzung Veränderungen innerhalb des interaktiven Energiesystems ereignen und dass in dem Moment, in dem das Energiesystem sein neues Gleichgewicht findet, die normalen kognitiven Funktionen für kurze Zeit außer Kraft gesetzt werden. Die Gefahr, dass der Apex-Effekt auftritt, lässt sich verringern, indem man als Therapeut die Neuausrichtung des Energiesystems mit Reiki oder therapeutischen Berührungen unterstützt und dem System ausreichend Zeit lässt, neue Einsichten und Erkenntnisse, verändertes Verständnis bestimmter Zusammenhänge und das veränderte energetische Zusammenspiel erfolgreich zu integrieren.

Durchgang

Dieser Begriff bezeichnet eine Klopfsequenz, bei der alle Punkte am Körper und an einer Hand vom Augenbrauenpunkt bis zum Handkantenpunkt geklopft werden.

Eröffnungsaussage

Dieser Begriff beschreibt die Eingangserklärung „Ich akzeptiere mich voll und ganz, auch wenn ich dieses Problem habe“ zu Beginn jedes EFT-Durchgangs.

Eröffnungsaussagen können positiv oder negativ formuliert werden, also auch so: „Ich akzeptiere mich voll und ganz und ich möchte wirklich glücklich sein.“ Diese Variante kommt dann zum Einsatz, wenn die wichtigsten Blockaden bereits aufgelöst werden konnten; sie unterstützt den allgemeinen Heilwerdungsprozess und hilft dem Klienten, auf ein bestimmtes Ziel konzentriert zu bleiben; ihre Anwendung ist auch in den Fällen hilfreich, in denen es nicht angemessen ist, nach den grundlegenden Ursachen für ein Problem zu suchen. Häufig zeigen sich während des Klopfens mit einer positiven Aussage Widerstände, die dann bearbeitet werden können.

Grundaussage (Discovery Statement)

„Die Ursache aller negativen Emotionen ist eine Störung innerhalb des körpereigenen Energiesystems.“

Kurzversion

In diesem Fall wird nicht der gesamte Durchgang geklopft oder das vollständige „Sandwich“ durchgeführt, sondern es werden nur einige der Punkte geklopft, um das Verfahren zu beschleunigen. Einige Anwender verkürzen nach einer gewissen Zeit das Verfahren intuitiv, es gibt jedoch auch Trainingskurse für Fortgeschrittene, in denen Möglichkeiten aufgezeigt werden, wie man solche Kurzversionen entwickeln kann. Jeder von uns kann für ein bestimmtes Problem, das über einen längeren Zeitraum bearbeitet werden muss, seine eigene Kurzversion entwickeln, indem er das Problem formuliert und dabei jeden Punkt sanft berührt. Punkte, die sich seltsam oder anders anfühlen oder empfindlicher sind, kommen bei diesem speziellen Problem für die Kurzversion in Frage.

Meridiane

Man nimmt an, dass die ältesten Aufzeichnungen der Meridiane aus Tibet stammen und annähernd 6000 Jahre alt sind. Paul Lynch verdeutlichte die Auswirkung von Problemen auf den Energiefluss im Körper mit Hilfe des Bildes von einem Bach, in dem Steine liegen: Erst wenn diese Steine entfernt werden, fließt das Wasser gleichmäßig und ungehindert. In Anlehnung an die Meridiane, auf denen sie liegen, werden die in EFT gebräuchlichen Akupunkturpunkte wie folgt bezeichnet [– die Übersetzung orientiert sich hier am *dtv-Atlas Akupunktur;* es sind auch die traditionellen chinesischen Bezeichnungen angegeben]:

Augenbraue

„Zusammengelegter Bambus“; AB = Augenbrauenpunkt = Blase B 12

Bei Blockade: Ansteigen von Angst und Hemmung.

Klopfen reduziert die Angst und verstärkt den Mut.

Seitlich des Auges

„Kellerloch der Pupille“; SA = Seitlich des Auges = Gallenblase GB 1

Bei Blockade: Entzug von Energie.

Klopfen beseitigt Lethargie und verstärkt wieder Mut und Entschlossenheit.

Jochbein

„Punkt, der die Tränen aufnimmt“; JB = Jochbein = Magen Ma 1

Bei Blockade: verworrenes Denken.

Klopfen beseitigt Emotionen der Unentschlossenheit und fördert die Fähigkeit, rational und effektiv zu denken.

Unterhalb der Nase

„Leitbahn der Steuerung"; UN = Unterhalb der Nase = Endpunkt Gouverneursgefäß GG 27

Dieser Meridian kontrolliert die Körperfunktionen, energetisches Ungleichgewicht kann ausgelöst werden durch physische Störungen.

Bei Blockade: Introvertiertheit.

Klopfen behebt Scheu und verbessert die Kommunikationsfähigkeit und das Entwickeln von Beziehungen zu Einzelpersonen und Gruppen.

Unterhalb der Unterlippe

„Punkt, der die Flüssigkeit aufnimmt"; UUL = Unterhalb der Unterlippe = Zentralgefäß (Konzeptionsgefäß) ZG 24

Dieser Meridian kontrolliert hauptsächlich unsere Emotionen, energetisches Ungleichgewicht kann daher durch Emotionen ausgelöst werden.

Bei Blockade: Vorliegen traumatischer Emotionen aus der Vergangenheit.

Klopfen löst vorgeburtliche und Geburtstraumata, verhilft der Lebensenergie (Chi) zu ungehindertem Fließen, wirkt stärkend und behebt Lethargie und Müdigkeit.

Schlüsselbein

„Versammlungshalle der Einflussnahme"; SB = Schlüsselbein = Nierenmeridian Ni 27

Ungleichgewicht kann ausgelöst werden durch Ängste, besonders vor dem Unbekannten.

Bei Blockade: Unfähigkeit, Entscheidungen zu treffen, wenig Energie.

Klopfen gibt Antrieb und Willenskraft, Aufgaben auszuführen.

Unter dem Arm

„Große Umhüllung“; UA = Unter dem Arm = Milz-Pankreas-Meridian MP 21

Ungleichgewicht kann ausgelöst werden durch Abneigung.

Bei Blockade: Verlangsamung des Denkvorgangs.

Klopfen klärt verschwommene Denkmuster und erhöht die Konzentration.

Daumen

„Junges Shang“; D = Daumen = Lungenmeridian Lu 11

Ungleichgewicht kann ausgelöst werden durch negatives Denken.

Bei Blockade: Lethargie und niedriges Energieniveau.

Klopfen behebt Negativität und verstärkt Vitalität und positive Einstellung.

Zeigefinger

„Äußerstes Yang“; ZF = Zeigefinger = Dickdarmmeridian DD 1

Ungleichgewicht kann ausgelöst werden durch Festhalten von Kummer und Schuld.

Bei Blockade: Gefühl von Nostalgie.

Klopfen löst Emotionen, die uns in der Vergangenheit leben lassen. Ermöglicht uns in der Gegenwart zu leben, optimistisch zu sein und auf unsere Ziele hinzuarbeiten.

Mittelfinger

„Die mittlere große Straße"; MF = Mittelfinger = Kreislauf-Sexus-Meridian KS 9

Ungleichgewicht kann ausgelöst werden durch Mangel Zufriedenheit mit sich selbst und anderen.

Bei Blockade: geringes Selbstwertgefühl.

Klopfen behebt Minderwertigkeitsgefühle und verbessert die Kraft der Persönlichkeit.

Kleiner Finger

„Die kleinere Straße"; KF = Kleiner Finger = Herzmeridian Hz 9

Ungleichgewicht kann ausgelöst werden durch Mangel an Liebe zu sich selbst und für andere.

Bei Blockade: Selbstsucht und Einsamkeit.

Klopfen behebt eingeschränktes Denken, öffnet das Bewusstsein und verbessert das Langzeitgedächtnis. Unterstützt die Entwicklung von Empathie, Mitgefühl und bedingungsloser Liebe.

Handkantenpunkt

„Der hintere Wasserlauf"; HK = Handkantenpunkt = Dünndarm Dü 3

Bei Blockade: Mangel an Zuversicht und Gefühl von Selbsthass.

Klopfen behebt Selbstzweifel und geringes Selbstwertgefühl.

Serienpunkt

„Mittlere Insel"; SP = Serienpunkt = Dreifacher Erwärmer 3E 3

Bei Blockade: Unfähigkeit, Emotionen und Liebe zum Ausdruck zu bringen.

Klopfen behebt niedriges Selbstwertgefühl und öffnet uns für die emotionale Interaktion mit anderen.

Achtung: Je nach Lehrmeinung existieren unterschiedliche Beschreibungen und Bezeichnungen der Meridiane und Akupunkturpunkte. Die grundlegenden Prinzipien sind jedoch identisch, unterschiedliche Interpretationen haben keinen Einfluss auf die Wirkungsweise von EFT. Das Wissen um die Meridiane hat keinen Einfluss auf eine erfolgreiche Anwendung von EFT.

Psychische Umkehrung

Liegt eine psychische Umkehrung vor, so läuft der Energiefluss in den Meridianen in die falsche Richtung und bewirkt damit das Gegenteil dessen, was die betreffende Person beabsichtigt. Es ist möglich, sich Kraft seines Willens über eine Umkehrung hinwegzusetzen, dies führt jedoch in der Regel zu Problemen und ist langfristige keine zufrieden stellende Lösung. Eine psychische Umkehrung lässt sich automatisch korrigieren, indem man den „wunden Punkt" massiert und den Punkt Handkante klopft.

„Sandwich"

Ein Klopfdurchgang, dann die 9G-Serie, gefolgt von einem weiteren Klopfdurchgang.

Setup

Beim Setup wird entweder der „wunde Punkt" massiert oder der Handkantenpunkt geklopft, um eine mögliche psychische Umkehrung aufzulösen, während gleichzeitig die Eröffnungsaussage gesprochen oder mit Hilfe einer anderen, in diesem Buch vorgestellten Methode so direkt wie möglich Kontakt zu dem Problem aufgenommen wird.

Stellvertreterklopfen

1. Geben Sie zunächst eine Absichtserklärung ab, etwa: „Ich bin ..." (Name der anderen Person, die sie vertreten möchten) Sprechen Sie dann die Eröffnungsaussage und durchlaufen Sie das Verfahren wie üblich, wobei Sie auch hier auf jede energetische Veränderung achten sollten. Klopfen Sie zum Beispiel für Ihren Freund James, so könnten Sie diese Aussage wie folgt formulieren: „Ich bin James. Ich akzeptiere mich voll und ganz, auch wenn ich Höhenangst habe."

2. Sie benutzen die folgende Aussageform (die sich besonders bei Kindern, Tieren und Personen eignet, zu denen Sie eine enge und vertraute Beziehung haben): „Ich akzeptiere ... (Name der vertretenen Person) voll und ganz, auch wenn er/sie Höhenangst hat."

3. Eine weitere Möglichkeit: Stellen Sie sich vor, dass Sie mit der betreffenden Person in einem Raum zusammen sind, sie steht Ihnen gegenüber und Sie klopfen die Punkte direkt bei ihr, während Sie gleichzeitig die Aussagen und Affirmationen laut oder in Gedanken sprechen.

Die Technik des Stellvertreterklopfens kann in jeder Problemsituation, in der es um Beziehungen geht, eine große Hilfe sein; sind daran zwei Menschen beteiligt, zwischen denen ein gewisses Maß an Übereinstimmung besteht, so lassen sich damit dramatische Veränderungen erzielen. Kürzlich erlebte ich einen solchen Fall, in dem ein Großvater jeden Abend vor dem Bild seiner behinderten Enkeltochter klopfte. Das Mädchen war sieben Jahre alt und hatte bei der Geburt eine Sauerstoffunterversorgung erlitten; sie konnte weder sprechen noch gehen und litt unter Krampfanfällen. Etwa eine Woche, nachdem der Großvater mit dem Klopfen begonnen hatte, sagte das Kind sein erstes Wort. Es gibt viele Erfolgsgeschichten von Menschen, die überall auf der Welt ähnliche Erfahrungen mit dem Stellvertreterklopfen für einen geliebten Menschen gemacht haben.

Ich lade Sie ein, diesen besonders faszinierenden Aspekt von EFT selbst zu erkunden – sie können damit niemandem Schmerzen zufügen, sie können jedoch absolut unglaubliche Erfolge erzielen (siehe hierzu auch unter „Haustiere" in Teil III).

SUD-Skala

Die SUD (Subjective units of distress, subjektive Stresseinheiten) sind eine Maßeinheit auf einer Skala von 0 bis 10, die Außenstehenden einen Anhaltspunkt für das Ausmaß an Schmerz oder Unwohlsein vermittelt, das eine Person im Zusammenhang mit einem bestimmten Problem empfindet, und mit deren Hilfe auch subtile Veränderungen leicht festzustellen sind.

Veränderung

Eine körperliche Regung, eine Veränderung, die in der Regel auch für andere Personen erkennbar ist, etwa leichteres Atmen, die betroffene Person fühlt sich erkennbar erleichtert, sie erlebt einen deutlichen Rückgang ihrer Symptome.

VOC-Skala

Die VOC-Skala (Validity of cognition) ist eine Maßeinheit für die subjektive Gültigkeit einer Aussage für eine bestimmte Person. In der klinischen Psychologie hat diese Skala nur sieben Unterteilungen zwischen vollkommen richtig und völlig falsch; in Anlehnung an die SUD-Skala und um Verwirrung zu vermeiden, benutze ich selbst zehn Unterkategorien.

Adressen

Für die Verbreitung von EFT wird in hohem Maße das Internet genutzt. Falls Sie einen Internetzugang haben, können Sie sich eine Menge an Informationen aus Websites und Archiven erschließen.

Gute Einstiegsmöglichkeiten bieten die folgenden Adressen:

www.emofree.com speziell für EFT

www.TheAMT.com für EFT und andere Richtungen der Meridiantherapie und der energetischen Psychologie

Direkter Kontakt zu Gary Craig, dem Begründer von EFT:

Gary H. Craig
P. O. Box 398, The Sea Ranch, CA 95497, USA
Tel.: 001-707-785-2848
E-Mail: *gary@emofree.com*

Listen von EFT-Anwendern in aller Welt bietet die *Association For Meridian Therapies (AMT)* an:

E-Mail: *referrals@TheAMT.com*
Website: *www.TheAMT.com*

The Association For Meridian Therapies (AMT)

Allen Heilpraktikern und allen Therapeuten, die EFT in ihrer beruflichen Praxis anwenden möchten, empfehlen wir, eine von *The Association For Meridian Therapies (AMT)* anerkannte professionelle Fortbildung zu absolvieren.

Die AMT bietet ein weltweites Netzwerk an, außerdem zertifizierte Fortbildungen, Workshops und Fernausbildungsgänge für alle Meridiantherapien und Ansätze der energetischen Psychologie.

Einzelheiten über die Mitgliedschaft in der AMT oder Adressen von Mitgliedern (Anwendern) in Ihrer Nähe finden Sie unter: *www.TheAMT.com*

Literaturempfehlungen

Callahan, Roger und Joanne: *Thought Field Therapy and trauma,* La Quinta 1996; von den gleichen Autoren ist in Deutsch erschienen: *Den Spuk beenden. Klopfakupressur bei posttraumatischem Stress,* Kirchzarten: VAK, 2001

Carlson, R., und Bailey, J.: *Slowing down the speed of life,* New York: HarperCollins, 1997; dt. Ausgabe: *Reg dich nicht auf! Das Buch für alle, die ausgeglichen und entspannt leben wollen,* München: Knaur, 1999

Diamond, John: *Life Energy,* New York: Dodd, Mead & Co., 1985; dt. Ausgabe: *Die heilende Kraft der Emotionen,* Kirchzarten: VAK, 12. Aufl. 2001

Durlacher, J. V.: *Freedom from fear forever,* Tempe: Van Ness, 1994

Eden, D.: *New energy medicine,* 1992

Gallo, Fred P.: *Energy Psychology,* Boca Raton: CRC Press, 1999; dt. Ausgabe: *Energetische Psychologie,* Kirchzarten: VAK, 2000

Gallo, Fred P.: *Energy Diagnostic and Treatment Methods,* New York: W. W. Norton, 2000; dt. Ausgabe: *Handbuch der energetischen Psychotherapie,* Kirchzarten: VAK, 2002

Gerber, R.: *Vibrational medicine,* Santa Fe: Bear & Co., 1988

Hay, Louise: *Heal your body,* Santa Monica: Hay House, 4. Aufl. 1988; dt. Ausgabe: *Heile deinen Körper,* Freiburg: Alf Lüchow, Neuausgabe 1989

Hay, Louise: *Liebe deinen Körper. Positive Affirmationen für einen gesunden Körper,* Freiburg: Alf Lüchow, 11. Aufl. 2001

Nims, Larry P.: *Be set free fast,* Orange: Selbstverlag, 1998

Pransky, G. S.: *The renaissance of psychology,* New York: Sultzburger & Graham, 1998

Zukav, G.: *The dancing wu li masters*, New York: Bantam, 1979; dt. Ausgabe: *Die tanzenden Wu-Li-Meister. Der östliche Pfad zum Verständnis der modernen Physik*, Reinbek: Rowohlt, 1994

Über die Autorin

Silvia Hartmann ist Ausbilderin für Hypnose und für Hypnosetherapien, energetisch ausgerichtete Therapieformen und NLP. Aufgrund ihrer langjährigen Erfahrungen und ihrer hohen Qualifikation ist sie international auch als Referentin tätig. Sie ist außerdem Mitglied im Beirat der *Association for Meridian Therapies* (AMT).

Auf dem Gebiet der energetischen Psychologie hat sie bereits zwei Publikationen veröffentlicht: *PowerFields 2001* sowie *EFT & NLP.*

Sie hält regelmäßig Ausbildungslehrgänge mit Abschlusszertifikat für Anwender der Meridiantherapien und der energetischen Psychologie ab. Weitere Einzelheiten über Veröffentlichungen, Ausbildungen und viele weitere aktuelle Informationen finden sich im Internet unter: *http://DragonRising.com*

Fred P. Gallo, Harry Vincenzi:

Gelöst – entlastet – befreit

Für psychische Probleme, die man ohne Therapeut lösen möchte, bietet dieses Buch schnelle Abhilfe: mit Klopfakupressur, einer sanften Methode zum Energieausgleich, die auf der altbewährten Akupunktur beruht. Dieses Klopfen von Akupunkturpunkten kann man auch als Laie einsetzen, um sein psychisches Wohlbefinden zu pflegen. In anwendungsfreundlicher Form beschreiben die Autoren die einzelnen Schritte der Selbsthilfe etwa bei Depressionen, Süchten, Schuldgefühlen, Phobien, bei Eifersucht und Übergewicht, bei Traumata und Beziehungsproblemen.

204 Seiten, 30 Abbildungen, Paperback (18 x 24,5)
ISBN 3-932098-82-X

Roger J. Callahan:

Der unwiderstehliche Drang

Süchte – und was Sie dagegen tun können

Immer mehr Menschen leiden heute unter Suchterscheinungen. Callahan zeigt, wie man seine aus *Leben ohne Phobie* bekannte Methode auf die Suchtproblematik anwenden kann. Mit Unterstützung von Visualisierungs- und Entspannungsübungen kann der Suchtdrang ausgeschaltet und ein Rückfall ins Suchtverhalten vermieden werden.

115 Seiten, Paperback (13 x 20,5)
ISBN 3-924077-29-0

Jimmy Scott, Kathleen Goss:

Allergie und der Weg, sich in wenigen Minuten davon zu befreien

Mit der von Jimmy Scott entwickelten Selbsthilfemethode kann man Allergien in kurzer Zeit austesten und auflösen: durch Energieausgleich, das heißt konkret durch das Klopfen von Reflexpunkten. Gleichzeitig kann man die Verträglichkeit bestimmter Nahrungsmittel und anderer Substanzen erhöhen. Ein umfangreicher Abbildungsteil und genaue Anleitungen erleichtern die Anwendung.

232 Seiten, 47 Abbildungen, Paperback (13 x 20,5)
ISBN 3-924077-11-8

Doc Childre:

Die Herzintelligenz entdecken

Das Sofortprogramm in fünf Schritten

Stress – auch der so genannte negative Stress – gehört zum modernen Alltag. Die Auswirkungen für Herz und Gemüt sind enorm. Der Autor Childre hat eine Intelligenz entdeckt, die Soforthilfe ermöglicht: die Herzintelligenz. Möglicherweise gehören auch Sie zu den Menschen, denen nach der Lektüre von *Die Herzintelligenz entdecken. Das Sofortprogramm in fünf Schritten* ein Stein vom Herzen fällt.

194 Seiten, 15 Abb. sowie zahlreiche Listen und Tabellen,
Paperback (15 x 21,5 cm)
ISBN 3-932098-49-8, www.herzintelligenz.de

Sharon Promislow:

Startklar für volle Leistung

Gehirn und Körper – ein starkes Team

Das Bild von den »Energieschaltern« veranschaulicht in diesem leicht verständlichen und flott illustrierten Buch, wie man mit kinesiologischen Techniken alle Ressourcen von Gehirn und Körper aktiviert und die reibungslose Nachrichtenübermittlung zwischen beiden sicherstellt: Man ist dann »voll da«, mit allen Kanälen »auf Sendung«. Ein vergnüglicher Rundum-Check für Gehirn und Körper!

192 Seiten, zahlreiche Abb.,
Sonderformat (20 x 25 cm)
ISBN 3-932098-69-2

*Das **IAK Institut für Angewandte Kinesiologie GmbH, Freiburg,** veranstaltet laufend Kurse in Edu-Kinestetik, Brain-Gym®, Touch For Health (Gesund durch Berühren), Applied Physiology, PKP und in vielen anderen Bereichen der Angewandten Kinesiologie. Dank enger persönlicher Kontakte zu den Pionieren der AK ist das Institut in der Lage, ständig die neuesten Entwicklungen auf diesem Gebiet zu präsentieren.*
Außerdem fördert das Institut die Verbreitung der Angewandten Kinesiologie im deutschsprachigen Raum durch Literaturempfehlungen und Adressenvermittlung.
Wer an der Arbeit des Instituts interessiert ist, kann kostenlose Unterlagen anfordern bei (bitte mit 1,53 € frankierten Rückumschlag beilegen):

IAK Institut für Angewandte Kinesiologie GmbH, Freiburg

Eschbachstr. 5, D-79199 Kirchzarten, Telefon 076 61-98 71-0, Telefax 076 61-98 71-49

METZLER-MÜLLER

Wie löse ich einen Privatrechtsfall?